Buchkonzept und Realisation	Arnold Zabert
Rezepte	Paul Bocuse
	Heinz Winkler
Redaktion	Marietta Tannert
	Klaus Schneider
Schlußredaktion	Wilhelm von Maurit-Moritz
Fotografie	Arnold Zabert
	Walter Cimbal
	Gabriele Bohle
Kochstudio	Klaus-Peter David
Grafische Gestaltung	Jürgen Hellge
Titel	Dietmar Roosen
Herstellung	Hans-Werner Jung
Lithografie	Kruse Reproduktionen, Vreden
Satz	Typografika, Bielefeld
Druck	Bentrup Druck, Bielefeld
Bindung	Buchbinderei Klemme, Bielefeld

Verlag Zabert Sandmann
Patthorster Straße 127, 4803 Steinhagen
Telefon 0 52 04 / 33 83, Telex 937 858 vzasa d

Dieses Buch erscheint zur Fernsehserie
"Bon appétit Paul Bocuse"

CIP-Kurztitelaufnahme der deutschen Bibliothek:
Bocuse, Paul: Bon appétit Paul Bocuse.
Unter Mitarb. von Heinz Winkler
— 1. Aufl. — Steinhagen: Zabert Sandmann, 1988
ISBN 3-924678-07-3

PAUL BOCUSE
MEIN MEISTERWERK

INHALT

EINFÜHRUNG
Seite 6 – 11

MEERESFRÜCHTE
Seite 12 – 27

SEEFISCHE
Seite 28 – 47

FLUSSFISCHE
Seite 48 – 65

GEFLÜGEL
Seite 66 – 83

SCHWEIN
Seite 84 – 103

KALB/RIND
Seite 104 – 123

WILD/LAMM
Seite 124 – 139

FRÜHGEMÜSE
Seite 140 – 157

WINTERGEMÜSE
Seite 158 – 175

OBST
Seite 176 – 195

SÜSSSPEISEN
Seite 196 – 215

KUCHEN
Seite 216 – 237

KÄSE
Seite 238 – 239

DIE MENÜS
Seite 240 – 245

FONDS
Seite 246 – 247

REGISTER
Seite 248 – 253

BOCUSE UND SEIN MEISTERWERK

Mein Meisterwerk — so nennt Paul Bocuse dieses Buch mit Rezepten, die er zusammen mit seinem Münchner Freund und Meisterschüler Heinz Winkler ausgesucht und bearbeitet hat. Das wird gewiß alle wundern, die in Bocuse nur den Schöpfer ausgefallener Staats-Delikatessen wie "Trüffelsuppe Elyssée" sehen und darüber den leidenschaftlichen Gourmand und Liebhaber rustikaler Genüsse vergessen, der er in Wirklichkeit ist.

Der "König der Köche" kam über den Rhein, um den Deutschen ein neues kulinarisches Selbstbewußtsein zu geben. Die deutsche Küche habe keineswegs jene herablassende Häme verdient, mit der sie gemeinhin von kulinarischen Snobs bedacht wird. Das Gegenteil, so Bocuse, sei richtig: Gerade jetzt, wo überall in der Welt der Reiz der regionalen Küchen, der traditionellen Rezepte wiederentdeckt wird, lägen die deutschen Köche zwischen Flensburg und Garmisch genau im Trend der Zeit.

Mit der Fernsehserie "Bon appétit Paul Bocuse" und diesem Buch tritt er den Beweis für diese Behauptung an. Als Partner wünschte er sich mit Heinz Winkler den Chef ebenjenes mittlerweile weltberühmten Restaurants "Tantris" in München, von dem vor bald zwei Jahrzehnten das neue deutsche Küchenwunder seinen Ausgang nahm.

Die überraschende Erkenntnis der beiden kochenden Superstars: Gerade die besonders populären Gerichte findet man auf beiden Seiten des Rheins bzw. nördlich und südlich der Alpen. Sauerkraut und Choux croute, Ravioli und Maultaschen, Boudin lyonnais und Blutwurstgeröschtel, Crêpes und Palatschinken. Fast zu jeder volkstümlichen Spezialität existieren jenseits der Grenze Pendants.

Bocuse: „Es gibt so etwas wie eine Küche aus der Mitte Europas, und die ist nicht französisch oder deutsch, sondern Teil unserer gemeinsamen Kultur."

Er kann sich ein solches Urteil, das die Hohenpriester der Grande und Nouvelle Cuisine als Ketzerei empfinden werden, gut und gern erlauben. Seit fast 50 Jahren steht Paul Bocuse an dem Herd, der für ihn die Welt bedeutet. Er ist Frankreichs vornehmster Botschafter in Sachen Essen, Trinken und Savoir-vivre.

In einem Bistro seiner Heimatstadt Lyon begann er 1942 als Kochlehrling seine beispiellose Karriere, die ihn zum berühmtesten Koch der Welt werden ließ. Sein Restaurant in einem Vorort von Lyon, das schlicht "Bocuse" heißt, ist ein kulinarisches Mekka, zu dem Feinschmecker aus der ganzen Welt pilgern.

Heute, auf dem Zenit seines Ruhms, geht es ihm nicht mehr darum, immer noch kompliziertere Rezepturen zu erfinden oder einer Luxusküche à la Escoffier zu huldigen. Ihm hat es vielmehr die Küche der Hausfrauen, der Mütter und der Sonntagsköche angetan.

„Ich möchte mit dieser Serie die Idee einer guten Küche in die deutschen Haushalte tragen." Gerade das Einfachste, so die Botschaft des Meisters, ist oft das Schwierigste. Entscheidend sei die Qualität der Produkte nicht ihr Preis. Die frischen Produkte der Saison und die Spezialitäten der einzelnen Regionen. Und gerade damit sind die deutschen Lande besonders reich gesegnet. Mit einfachen Mitteln gut zu kochen — das ist für ihn die eigentliche große Kochkunst.

BOCUSE KAM, KOCHTE UND S

Frankreichs unernannter Außenminister in Sachen großer Kochkunst kam zum Rendezvous mit der deutschen Küche. Mit welchem Charme und Esprit und mit welch umwerfend guter Laune, war hinreißend anzusehen. Ob er über die Wochenmärkte ging und mit den Marktfrauen flirtete oder im TV-Studio das ganze Team in Champagnerlaune versetzte, ob er im Restaurant kritisch prüfte und mit Begeisterung aß oder mit seinem kongenialen deutschen Partner Heinz Winkler am Herd stand — eins war klar: Bocuse kam, kochte und siegte.

BOCUSE ÜBER GOTT

Bocuse über das Konzept dieses Kochbuchs:

„Als ich den Vertrag für dieses Buch und die TV-Sendung gemacht habe, habe ich deutlich gesagt, daß ich etwas für die Hausfrau und Mutter, für den Sonntagskoch machen möchte."

Bocuse über die Qualität der deutschen Küche:

„Heute ist Deutschland ein Land, das im Bereich der guten Küche einen der ersten Plätze besetzt."

Bocuse über die Politik:

„Es ist viel leichter, Europa mit Eßbestecken zu einigen als mit Waffen."

Bocuse über sein Verhältnis zum Reichtum:

„Ich bin Millionär des Glücks."

Bocuse über die schlanke Linie:

„Ich esse gut, wie man an meinen 95 Kilo sieht."

Bocuse über seine Liebe zur Saison:

„Ich bin der altmodischen Meinung, daß man Erdbeeren im Sommer essen soll und nicht im Dezember."

Bocuse über den Vorwurf, er stehe nicht immer am Herd:

„Glauben Sie vielleicht, daß Karajan selbst die Tuba bläst?"

Bocuse über einen weitverbreiteten Irrtum:

„Für mich bedeutet Küche nicht Kaviar, Leberpastete, Trüffeln. Um gute Küche zu machen, braucht man nicht unbedingt teure Produkte."

Bocuse über seine Reiselust:

„Ein Koch ist ein ewiger Wandergeselle. Wer sich nicht in der Welt umsieht, kann auch nichts lernen."

Bocuse über Mutterns Küche:

„Man erinnert sich ein Leben lang an die Gerichte, die die Mutter kochte. Ich kann zum Beispiel ihr Kalbsfrikassee nicht vergessen."

Bocuse über die Bedeutung seiner Heimatstadt auf der kulinarischen Landkarte:

„Paris ist ein Vorort von Lyon."

Bocuse über Bocuse:

„An meinem Ruf ist nicht mehr zu rütteln."

Bocuse über die Unsitten der Nouvelle Cuisine:

„Es ist viel leichter, ein Bohnenpüree zu machen, als die Bohnen richtig zu garen."

Bocuse über den Sinn des Lebens:

„Für mich besteht er darin, zu wissen, daß ich es geschafft habe, etwas zu vermitteln."

ND DIE WELT

Bocuse über sein Prinzip:

„Man muß die Küche des Volkes kochen."

Bocuse über den obersten Grundsatz beim Kochen:

„Man soll als Koch nichts anderes tun, als den ursprünglichen Geschmack der Produkte vollendet zur Geltung zu bringen."

Bocuse über die traditionelle Küche:

„Carmen bleibt immer Carmen, Wagner auch und die Fünfte von Beethoven ebenfalls. Obwohl es neue Musik gegeben hat, hört man die alte doch immer wieder. Und bei der Küche, glaube ich, ist es auch ein wenig so."

Bocuse über das Geheimnis der Bocuse-Küche:

„Viel Arbeit und immer Qualitätsprodukte."

Bocuse über das Wichtigste bei Tisch:

„Der Spaß am Essen ist doch das Entscheidende."

Bocuse über die Diät-Küche:

„Ich bin Koch und nicht Arzt."

Bocuse über die Küche, die er privat für seine Freunde kocht:

„Einfache Gerichte, die man in Terrinen servieren kann. Wenn man den Deckel lupft, muß einem der Duft nur so um die Nase zwirbeln."

Bocuse über den falschen Ehrgeiz von Hobbyköchen:

„Gäste sollte man nicht als Versuchskaninchen behandeln, indem man sie zu Opfern neuer kulinarischer Experimente macht."

Bocuse über die Kreativität beim Kochen:

„Für mich soll Küche spontan sein. Picasso hat auch nicht geübt, bevor er ein Bild gemalt hat."

Bocuse über die allgemeine Abkehr von der Nouvelle Cuisine:

„Diese Trendwende brauche ich nicht mitzumachen, denn seit eh und je bin ich ein Verfechter der schlichten Küche."

Bocuse über das Comeback der deutschen Regionalküche:

„Wenn die Deutschen ihre regionale Küche wiederaufgreifen, finde ich das prima, weil ich überzeugt bin, daß es in Deutschland gute Produkte, sehr gute Produkte gibt."

Bocuse über die Gerichte in diesem Buch:

„Es ist eine Küche, die jedermann verstehen kann."

Bocuse über seine Liebe zur Publicity:

„Gott ist auch überall wohlbekannt, aber jeden Sonntag hängt sich der Dorfpfarrer an seine Glocken, um das Volk daran zu erinnern, daß Gott existiert."

MEERESF

Schon das Wort "Meeresfrüchte" ist verräterisch. Früchte haben im Unterbewußtsein immer etwas mit Verführung zu tun, seit im Garten Eden die erste Früchtefalle zuschnappte.

Die Verführung beginnt beim Anblick: Sinnlicheres ist unter Eßbarem nicht denkbar, als wenn Hummer und Languste, Krabben und Krebse und Muscheln aller Art auf einer Platte präsentiert werden. Farben: vom Perlweiß über duffe Meerestöne und das Rosa der Morgenröte bis zum blendenden Rot. Die bizarren Formen und der Duft nach Meer machen solch ein Arrangement endgültig zu etwas, dem kein Gourmet widerstehen kann. Motto: Hummer ist der beste Koch.

Verführt wird allerdings auch das Portemonnaie. Denn die Delikatessen der See zählen zu den teuersten Genüssen. Ehedem waren sie Symbole der Bourgeoisie, allen Revolutionären von je ein Dorn im Auge. Ob die sich heimlich trotzdem daran delektierten, muß Vermutung bleiben. Immerhin gibt's verräterische Hinweise. Aus Frankreichs spartanischster Zeit, den Jahren nach der Revolution, stammt das berühmte Hummer-Gericht "Thermidor". Es hat seinen Namen vom elften Monat des damals gültigen Revolutionskalenders.

Und die größte Eßmuschel heißt seitdem Coquille St. Jacques, weil sie viele an die Mützen der Jakobiner erinnerte. Doch Muscheln sind ohnehin ein Kapitel für sich. Spätestens seit Botticelli seine Venus einer Muschel entsteigen ließ, war das, was man sich zuvor nur zugeflüstert hatte, als eindeutiges Bild in der Welt: Muscheln haben etwas mit Sex zu tun. Beschäftigte ihre Form und Funktionsweise schon die erotische Phantasie, so schworen viele, nach ihrem Genuß ungewöhnlich animiert worden zu sein.

RÜCHTE

Zum Symbolischen hätte uns vielleicht Sigmund Freud Wegweisendes sagen können, doch er bekannte barsch: „Ich bin Fleischfresser." Was die Wirkung angeht, so muß natürlich von der Nobelmuschel die Rede sein. Wenn die Anekdötchen und Histörchen rund um die Auster nur halbwegs wahr sind, ist sie das beste Aphrodisiakum der ganzen Kochkultur. King Charles I. von England schlabberte bereits zum Frühstück sein erstes Dutzend und begab sich dann auf die Schürzenjagd. Poet Lord Byron verklärte den glibbrigen Bissen zum reinen Liebeshappen. Balzac, Vielschreiber und Vielesser, muß auch ein Vielliebender gewesen sein: Der Fama nach pflegte er ein Menü mit hundert Austern zu beginnen.

Die Vitamine und Spurenelemente können es nicht sein, eher schon der hohe Eiweißgehalt, der Müde schlagartig aufrichtet. Hinzu kommt der sinnliche Genuß des Schlürfens — wer's nicht kennt, kann nicht mitreden.

Wenn man jedoch vom Liebesleben der Austern untereinander auf die Wirkung schließen würde, die sie auf anderer Leute Liebesleben haben, überträfe das vermutlich alle Erwartungen. Die sind nämlich ganz schön aktiv. Ein Austernpaar — es gibt tatsächlich weibliche und männliche Muscheln — ist in der Lage, jährlich 1,5 Millionen Nachkommen zu zeugen.

Gottfried Benn irrte, als er in einem Gedicht feststellte: „Tiere, die Perlen bilden, sind verschlossen / Sie liegen still und kennen nur die See."

❝ Meeresfrüchte — darunter verstehe ich ganz streng genommen nur Muscheln, Meeresschnecken etc. — sollte man grundsätzlich nur roh oder so naturell wie möglich essen. Das gilt vor allem für Austern. Austern sollte man nicht erhitzen oder durch irgendeine Zubereitung verfremden. Man sollte sie einfach in ihrem eigenen Wasser servieren. Das ist das beste für die Auster. Übrigens kommt der Wein, der am besten zu Meeresfrüchten paßt, aus Deutschland. Es gibt kein idealeres Getränk dazu als einen trockenen, aber auch fruchtigen Riesling vom Rhein. ❞

MEERESFRÜCHTE

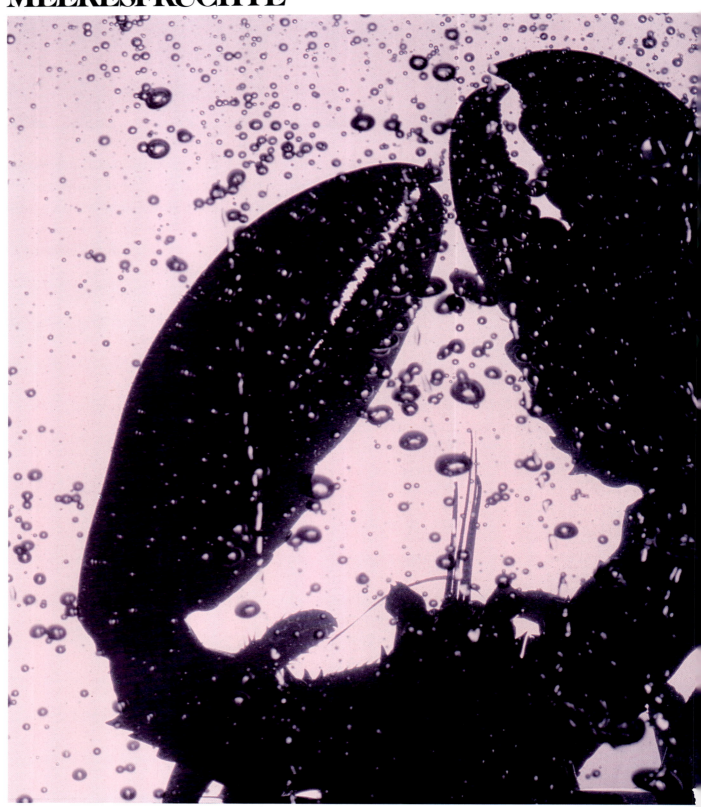

Scherenschnitt für Gourmets: Hummer vor dem Erröten. Mit einem Eintopf à la Bocuse kehrt das einstige Haustier Helgolands zurück in die deutsche Küche, wo ihm ein freudiger Empfang gewiß ist.

MEERESFRÜCHTE

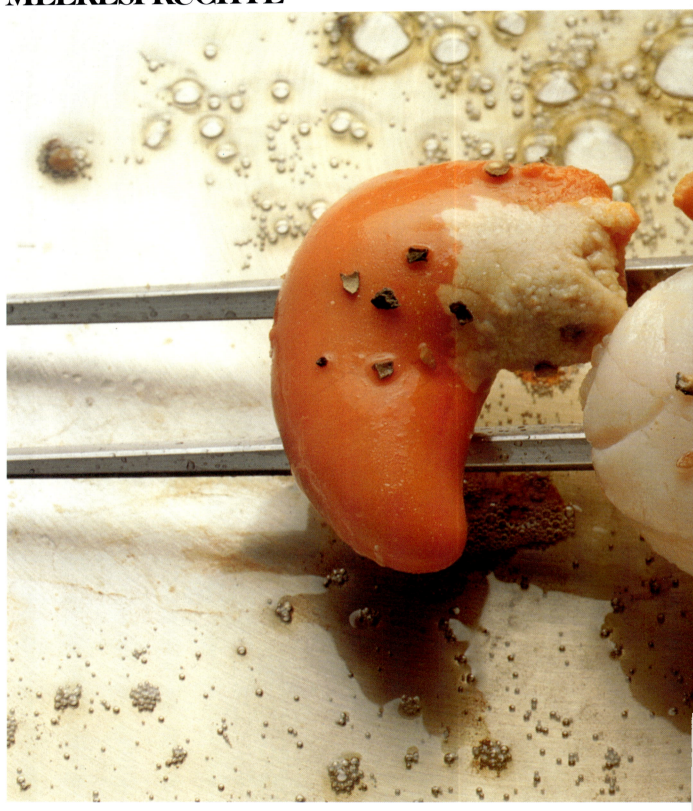

Die Meeresfrucht mit der roten Mütze verheißt doppelten Genuß: Bißfestes weißes Fleisch und den leuchtenden, zart-schmelzenden Rogen — für viele Feinschmekker geht nichts über frische Jakobsmuscheln.

MEERESFRÜCHTE

Große Klappe, viel dahinter: Miesmuscheln sind die kernigen Schwestern der Auster. Längst nicht so etepetete und einem Flirt mit Wein, Kräutern und Knoblauch keineswegs abgeneigt. Aber die eigentliche kulinarische Sensation ist ihre Liaison mit Curry...

MEERESFRÜCHTE

Bocuse empfiehlt dazu einen Weißwein, z. B. aus Baden: 1986er Bickensohler Steinfelsen, Weißburgunder Kabinett trocken. Ein Qualitätswein mit Prädikat.

HELGOLÄNDER HUMMEREINTOPF

2 kleine Hummer, je 400 g, ca. 10 Minuten in Salzwasser gekocht

80 g Schalotten, geschält, gehackt
150 g Butter
500 g frische Erbsen, ausgepalt
¾ - 1 l Geflügelfond
Meersalz
frisch gemahlener Pfeffer
1 Prise Zucker
5 EL Schlagsahne

Einlage:
80 g durchwachsener Speck, in feine Würfel geschnitten
10 g Butter
12 Frühlingszwiebeln, geputzt, halbiert
10 Herzblätter Kopfsalat, in feine Streifen geschnitten

Kopf und Scheren der frisch gekochten Hummer durch Drehen von den Schwänzen lösen. Die beigebraune Leber mit einem Löffel herausschaben und beiseite stellen. Die ungepanzerte Bauchseite mit einer Küchenschere auftrennen, entfernen und das Fleisch herauslösen. Dabei den Darm auf der Schwanzrückenseite entfernen.
Die Hummerscheren am Kopf abbrechen, mit einem schweren Gegenstand anschlagen oder mit einer Hummerzange vorsichtig aufknacken.
Das zarte Scherenfleisch einschließlich des plastikartigen Knorpelblattes herausziehen und das Knorpelblatt entfernen.
Das Fleisch aus den Hummerbeinen und den Scherengelenken mit Hilfe einer Hummergabel herauslösen.
Die Schalotten in 50 g von der Butter andünsten, ohne Farbe annehmen zu lassen.
Die Erbsen zugeben, den Geflügelfond aufgießen, salzen, pfeffern und alles ca. 15 Minuten kochen. Die beiseite gestellte Leber mitgaren.
Die Suppe in einem Mixer pürieren, durch ein feines Sieb streichen, zurück in den Topf geben und mit Salz, Pfeffer sowie Zucker abschmecken.
Für die Einlage den Speck in heißer Butter andünsten, die Frühlingszwiebeln und die Salatstreifen zugeben und kurz mitdünsten. Beiseite stellen.
Die Suppe erwärmen, dabei nach und nach die übrige Butter und die Sahne untermischen.
Die Hummerschwänze in kleine Medaillons schneiden, mit dem Bein- und Gelenkfleisch anrichten.
Die angedünstete Speck-Frühlingszwiebel-Mischung und die Suppe darüber verteilen. Mit dem Scherenfleisch garnieren.

Mit einem Messer den Hummerschwanz vom Kopf lösen.

Kopf und Scheren des Hummers durch Drehen vom Schwanz abziehen.

Die ungepanzerte Bauchseite des Hummerschwanzes mit einer Küchenschere abtrennen.

Das Fleisch vorsichtig aus dem Panzer herauslösen. Die Scheren vom Kopf und den Gelenken abbrechen, anschlagen und das Fleisch ebenfalls auslösen.

MEERESFRÜCHTE

Bocuse empfiehlt dazu einen Weißwein, z. B. aus Baden: 1986er Eberbacher Stiftsberg, Grauer Burgunder Kabinett trocken. Ein Qualitätswein mit Prädikat.

GEEISTE PAPRIKASUPPE MIT LANGUSTINEN

2-3 rote Paprikaschoten
oder 170 g Paprikasaft
1 kleine Salatgurke
oder 150 g Gurkensaft
250 g Tomaten
oder 190 g Tomatensaft
2 Eigelb
0,1 l Weizenkeimöl

5 EL Olivenöl
Meersalz
frisch gemahlener Pfeffer
etwas Rotwein-Essig
1 kleine Knoblauchzehe, geschält

Einlage:
12 frische Langustinen
Meersalz
frisch gemahlener Pfeffer

Gemüse hat je nach Frische einen unterschiedlichen Feuchtigkeitsgehalt, deshalb kann man die Ausgangsmenge nicht ganz exakt angeben. Berechnen Sie den Ansatz also großzügig. Den restlichen Saft können Sie als Gemüse-Mix trinken.
Die Paprikaschoten schälen, halbieren und entkernen. Das Fruchtfleisch mit etwas Wasser in einen Mixer geben und pürieren.
Die Salatgurke ebenfalls schälen, entkernen, in Stücke schneiden und pürieren.
Die Tomaten waschen, vierteln und pürieren.
Sehr fein wird die Suppe, wenn die Pürees noch durch ein sauberes Tuch gepreßt werden.
Das Eigelb mit den beiden Ölsorten zu einer Mayonnaise aufschlagen.
Die Gemüsesäfte untermischen; mit Salz, Pfeffer und etwas Rotwein-Essig abschmecken.
Die Knoblauchzehe zerdrücken und unterrühren.
Oder auf eine Gabel stecken und durch die Suppe ziehen, so daß sie nur ein leichtes Knoblaucharoma erhält. Die Suppe im Kühlschrank durchkühlen lassen.
Für die Einlage von den Langustinen Kopf und Schwanz durch Drehen voneinander trennen.
Den Rückenpanzer aufbrechen und das Schwanzfleisch vorsichtig aus der Schale ziehen.
Den Darm vorsichtig aus dem Schwanzfleisch ziehen. Falls nötig, die Schwanzrückenseite dazu in der Mitte längs leicht einschneiden.
Die Langustinenschwänze leicht salzen, pfeffern, mit einigen Tropfen Wasser in eine Pfanne geben und zugedeckt 2-3 Minuten garen.
Die eiskalte Suppe mit den Langustinen auf vorgekühlten Suppentellern anrichten.

Langustinen, auch Kaisergranat, gibt's frisch oder tiefgefroren, mit oder ohne Kopf.

Die Schale des Rückenpanzers aufbrechen und entfernen. Das Schwanzfleisch fassen…

… und vorsichtig aus der Schale herausziehen, damit es nicht zerrissen wird.

Den ungenießbaren Darm entfernen: Die Langustinenschwänze dazu, falls notwendig, auf der Rückenmitte leicht längs einschneiden, bis der Darm frei liegt.

MEERESFRÜCHTE

Bocuse empfiehlt dazu einen kräftigen, aber auch säurebetonten Weißwein, z. B. aus dem Gebiet Mosel-Saar-Ruwer: 1986er Piesporter Michelsberg, Riesling Spätlese halbtrocken. Ein Qualitätswein mit Prädikat.

JAKOBSMUSCHELN IN SAUERAMPFERSOSSE

12-16 ganze mittelgroße Jakobsmuscheln, beim Einkauf öffnen lassen, oder tiefgefrorenes Muschelfleisch mit Corail verlangen
Meersalz
frisch gemahlener Pfeffer
30 g Butter

Sauerampfersoße:
30 g Butter
1 Schalotte, geschält, gehackt
4 EL Weißwein
4 EL trockener Wermut
0,1 l Fischfond
5 EL süße Sahne
60 g kalte Butter
Meersalz
frisch gemahlener Pfeffer
30 g Sauerampferblätter

Frische Jakobsmuscheln aus der Schale lösen, säubern und das Muschelfleisch einschließlich des orangeroten Corails eine Stunde wässern. Tiefgefrorene Jakobsmuscheln auftauen lassen.
Für die Soße die Butter erhitzen und die Schalotte darin andünsten.
Mit dem Weißwein und dem Wermut ablöschen, den Fischfond sowie die Sahne dazugeben und die Soße kräftig einkochen lassen.
Das Muschelfleisch trockentupfen, den gelbbraunen Muscheldarm entfernen und die Muscheln quer halbieren, so daß je eine Muschelhälfte mit und eine ohne Corail zurückbleibt. Mit Salz und Pfeffer würzen.
Die Butter in einer Pfanne zerlassen und die Jakobsmuscheln von jeder Seite leicht andünsten, ohne zu bräunen. Auf Küchenpapier legen, damit überschüssiges Fett aufgesaugt wird.
Die kalte Butter flöckchenweise als Bindung unter die Soße schlagen. Die Soße abschmecken und die fein geschnittenen Sauerampferblätter untermischen.
Die Jakobsmuscheln anrichten und mit der Soße überziehen.

Das orangerote, an Jakobinermützen erinnernde Corail, der Rogen, gilt als Delikatesse.

Die gewürzten Muschelhälften kurz von jeder Seite in mäßig heißer Butter andünsten.

Für die Soße die Schalotte in heißer Butter andünsten; mit Wein und Wermut ablöschen.

Fischfond und Sahne aufgießen, einkochen lassen und die Soße dann mit kalten Butterflöckchen binden. Mit Salz und Pfeffer abschmecken und die Sauerampferblätter untermischen.

MEERESFRÜCHTE

Bocuse empfiehlt dazu einen Weißwein mit deutlicher Muskatwürze, z. B. aus der Rheinpfalz: 1985er Mußbacher Eselshaut, Morio-Muskat Kabinett halbtrocken. Ein Qualitätswein mit Prädikat.

MUSCHELN IN CURRYSOSSE

56 frische Miesmuscheln

Sud:
0,2 l Riesling
0,15 l Wasser
1 kleine Schalotte, geschält, gehackt
1 Knoblauchzehe, geschält
1 Zweig Thymian

Currysoße:
Muschelsud
1-2 TL Curry
Saft einer halben Zitrone
0,2 l Crème double
1 kleine Schalotte, geschält, gehackt
5 EL trockener Weißwein
3 EL trockener Wermut
frisch gemahlener Pfeffer

8-12 frische Lychees
20 g Butter
2 EL Schlagsahne

Garniervorschlag:
1 rote Paprikaschote, halbiert, entkernt

Die Muscheln säubern und die Fäden, den Muschelbart sorgfältig entfernen. Offene Muscheln oder Muscheln, die sich bei Berührung nicht schließen, wegwerfen.

Für den Sud alle Zutaten in einem Topf zum Kochen bringen, die Muscheln dazugeben und zugedeckt ca. 4-5 Minuten kochen lassen. Dann durch ein Sieb schütten und den Sud zur Seite stellen.

Das Muschelfleisch aus den Schalen lösen; nur die geöffneten Muscheln verwenden.

Den Muschelsud mit dem Curry und dem Zitronensaft zum Kochen bringen.

Die Crème double, die Schalotte, den Weißwein und den Wermut zufügen, pfeffern und alles auf die Hälfte einkochen lassen.

In der Zwischenzeit die harte Schale von den Lychees entfernen und den dunkelbraunen, glatten Kern vorsichtig herauslösen.

Für die Garnitur die Paprikahälften mit der Hautseite nach oben auf ein Backblech legen und im vorgeheizten Backofen bei 220 Grad 10-15 Minuten anrösten.

Danach in eiskaltem Wasser abkühlen und die Paprikahaut abziehen.

Das Paprikafleisch in feine Streifen schneiden, nach Belieben in heißer Butter anschwenken und leicht salzen. Beiseite stellen.

Die eingekochte Currysoße kurz durchmixen und die Butter flöckchenweise unterrühren.

Das Muschelfleisch sowie die Lychees kurz in der Soße erwärmen, die Schlagsahne unterziehen und alles abschmecken.

Das Muschelragout anrichten, mit den Paprikastreifen garnieren und nach Belieben einen Klecks Schlagsahne oder Crème double daraufgeben.

Die geputzten, geschlossenen Muscheln, in den vorbereiteten Sud geben.

Einen Deckel aufsetzen und die Muscheln zugedeckt 4-5 Minuten garen.

Der schäumende Muschelsud fällt nach Öffnen des Topfes in sich zusammen.

Die Muscheln auf einem Sieb abtropfen lassen. Das Muschelfleisch mit einem Messer vorsichtig aus den geöffneten Schalen lösen.

SEEFISCH

Das Feinste, was seit je in der französischen Haute Cuisine aus der Küche kommt, schmeckt nach Meer. Immer noch ist das Meer der größte Delikatessen-Lieferant, obwohl wir Nordsee und Atlantik nicht gerade pfleglich behandeln.

Allein die Plattfische sind so königliche Genüsse, daß ihr Fehlen bei einem Fest zu Ehren Ludwigs XIV. fatale Folgen hatte. Der damals berühmte Koch Vatel nahm sich das Ausbleiben der versprochenen Lieferung derart zu Herzen, daß er die Schande nicht überleben zu können glaubte. Er stieß sich in der Küche den Degen in die Brust.

Dabei ist eigentlich an Meeresfischen nicht viel dran. Von der Seezunge wissen Biologen, daß sie zu 86 Prozent aus Meerwasser besteht. Und beim Steinbutt, den Gastrosoph Grimod de la Reynière überschwenglich als "Fasan des Meeres" feierte, sieht das kaum besser aus. Nur hat der Butt der Seezunge eins voraus: Er ist ein mythisches Tier, wie wir vom Fischer und siner Fru wissen und von Günter Grass natürlich.

Sehr irdisch, weil grätig, kommt der preiswerteste Plattfisch daher. Trotzdem ist die Scholle zur Maienzeit ein Leckerbissen, wie die Hausfrauenküche nur wenige andere kennt.

Doch die volkstümlichste Delikatesse des Meeres war schon immer der "Schneiderkarpfen", wie man den Hering früher ironisch nannte. Heute macht er sich schon so rar, daß Bismarcks berühmtes Bonmot nostalgisch-nachdenklich stimmt. In einer Parlamentsdebatte hatte er ausgerufen: „Hering wäre genauso teuer wie Kaviar, wenn es ihn nicht so reichlich gäbe." Damals waren die deutschen Hochseefischer so begeistert über des Kanzlers kostenlose Werbehilfe, daß sie den sauer eingelegten Hering nach ihm benannten.

Am Hering, den sich jedermann leisten konnte, bewies übrigens die Küche des Volkes einen erstaunlichen Einfallsreichtum. Er wurde

E "grün" in der Pfanne gebraten und danach sauer als Brathering eingelegt. Er wurde geräuchert und hieß da in seiner kleinsten, feinsten Ausführung "Kieler Sprotte". Er stand schließlich in jeder Berliner Eckkneipe auf dem Tresen — in Gläsern, aufgerollt und mit einem Zahnstocher zusammengehalten. Dabei mutierte der Hering zum Hund — zum Rollmops.

Die kulinarischste aller Heringsvariationen ist aber der Matjes. Seinen Namen hat er vom holländischen "Maat", was soviel wie kleiner Bursche bedeutet. Tatsächlich ist der Matjes der junge, noch nicht laichreife Fisch, der im Mai und Juni in die Netze geht und sofort in Fässer mit milder Salzlake eingelegt wird.

Der Ehrlichkeit halber muß man hinzufügen, daß vieles von dieser Zubereitungsfülle schlicht ein Kampf gegen die Verderblichkeit war — beim Fisch, der aus dem meist fernen Meer kam, besonders wichtig.

Der Meeresfisch, ob geräuchert oder eingesalzen, in Essig oder Öl eingelegt, zählte zu den Delikatessen. Daneben gab es aber eine Konservierungsart, die ohne Rücksicht auf die feine Zunge arbeitete. Die Massenware des Meeres, vom Kabeljau bis zum Schellfisch, wurde auf großen Stockgerüsten luftgetrocknet. Der so entstandene Stockfisch belegte allerdings auf der Image-Skala der Gourmets abgeschlagen den letzten Platz — ein schwerverdauliches, beim Wässern übelriechendes, am Ende nach nichts schmeckendes, graues, klebriges Etwas. Die Pointe der Geschichte ist zugleich eine Fanfare auf die kulinarische Kunst, die Unmögliches möglich macht. In Frankreich und Italien gibt es ein paar Köche, die beherrschen eine Spezialität, deretwegen Feinschmekker von weither anreisen: die Stockfischpaste.

> Es ist ein Irrtum, wenn man heute glaubt, die teuersten Seefische seien auch die besten. Sicher gibt es so etwas wie die drei Könige unter den Fischen und die heißen Steinbutt, Loup de Mer und Seeteufel. Aber wir vergessen zu leicht darüber, daß es unter den einfacheren Fischen sehr köstliche Exemplare gibt. Ich liebe vor allem den Rochen und dann natürlich den unvergleichlichen Hering. Fische aus den kalten nördlichen Gewässern sind meistens von erlesener Qualität. Ich ziehe jeden Fisch aus dem Norden einem Mittelmeerfisch vor.

SEEFISCHE

30

Ein Fond wird geboren: Mit dieser heißen Unterwasser-Show beginnen die feinsten Fischsoßen. Aber nur was Gräten, Gemüse und Gewürze innerhalb von 30 Minuten an Aromen abgeben, ist gut genug (Rezept Fischfond Seite 246).

SEEFISCHE

Der Fisch im Fisch als kulinarisches Gipfeltreffen: Der Salzwasserkönig Steinbutt, gefüllt mit der Farce des Süßwasserräubers Hecht — zwei, die sich gegenseitig im Geschmack steigern.

SEEFISCHE

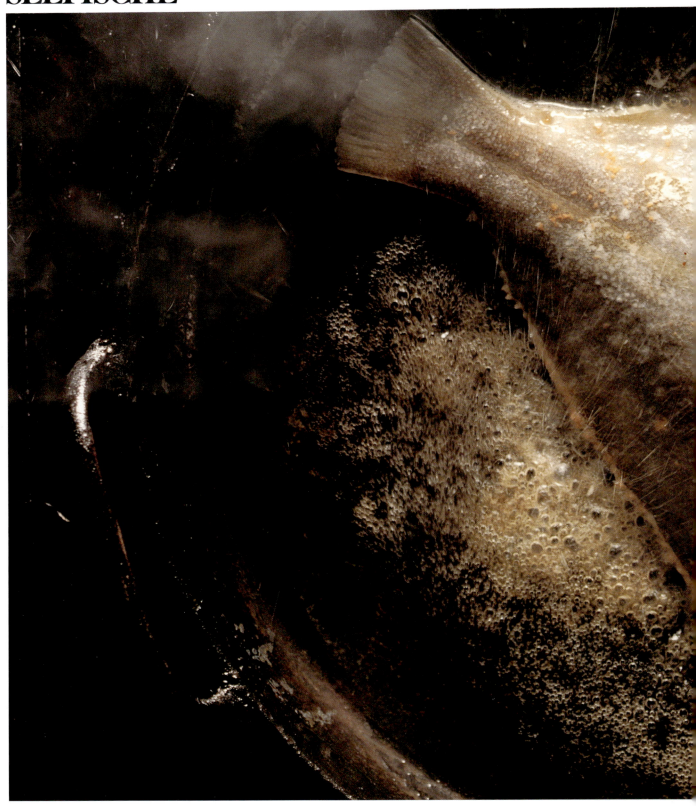

34

Der Butt fürs schmale Portemonnaie: Die Scholle ist eine preiswerte Delikatesse für alle Tage. Und einmal im Jahr, im Mai, ist sie ein Leckerbissen, für den manche einen echten Butt stehenlassen.

SEEFISCHE

Bocuse empfiehlt dazu einen säurebetonten Weißwein, z. B. aus dem Gebiet Mosel-Saar-Ruwer: 1985er Bernkasteler Badstube, Riesling Spätlese trocken. Ein Qualitätswein mit Prädikat.

ROTBARBE MIT BASILIKUMDRESSING

4 Rotbarben, je 400 g, beim Einkauf schuppen und ausnehmen lassen
Meersalz
frisch gemahlener Pfeffer
3 EL Olivenöl

Basilikumdressing:
2 EL Zitronensaft
Meersalz
frisch gemahlener Pfeffer
2 EL gehackte Basilikumblätter
6 EL Olivenöl

Garniervorschlag:
einige Blätter Friséesalat, geputzt, gesäubert
einige Büschel Feldsalat, geputzt, gesäubert

Den Kopf der Rotbarben durch einen Keilschnitt abtrennen. Die Rotbarben anschließend entlang der Rückengräte längs einschneiden und die Filets vorsichtig von der Gräte lösen. Sie können auch fertig filetierte Rotbarben kaufen.

Die Rotbarbenfilets mit Küchenpapier trockentupfen und die seitlichen Stützgräten mit Hilfe einer Pinzette aus den Fischfilets ziehen.

Die Filets leicht salzen und pfeffern.

Das Olivenöl in einer Pfanne (möglichst beschichtet) mäßig heiß werden lassen; die gewürzten Filets mit der Hautseite nach unten hineinlegen.

Vorsichtig braten, ohne zu bräunen; wenden und auf der anderen Seite weiterbraten.

Die Fischfilets aus der Pfanne nehmen und auf Küchenpapier legen, um überschüssiges Fett aufzusaugen.

Für das Basilikumdressing den Zitronensaft mit etwas Salz und Pfeffer verrühren. Zum Schluß die Basilikumblätter und das Olivenöl untermischen.

Die Rotbarbenfilets in dem Basilikumdressing wenden.

Auf vier Tellern jeweils etwas Friséesalat plazieren, je zwei marinierte, lauwarme Rotbarbenfilets darauflegen und mit Feldsalat garnieren.

Mit dem übrigen Basilikumdressing beträufeln.

Den Kopf der Rotbarben durch einen Keilschnitt abtrennen und die Fische filetieren.

Die seitlichen Stützgräten mit Hilfe einer Pinzette aus den Rotbarbenfilets ziehen.

Die gewürzten Filets zuerst auf der Hautseite anbraten; vorsichtig wenden.

Die gebratenen Filets auf Küchenpapier legen, damit das Bratfett aufgesaugt wird, und anschließend in dem Basilikumdressing wenden.

SEEFISCHE

Bocuse empfiehlt dazu einen nicht zu kräftigen, aber säurebetonten Weißwein, z. B. aus dem Gebiet Mosel-Saar-Ruwer: 1985er Wehlener Sonnenuhr, Riesling Spätlese halbtrocken. Ein Qualitätswein mit Prädikat.

GEFÜLLTER ALTONAER STEINBUTT

1 Baby-Steinbutt,
ca. 1,2 kg, beim Einkauf
ausnehmen, am Rückgrat
längs einschneiden und die
Gräte auslösen lassen
Meersalz, Pfeffer
20 g Butter, ¼ l Fischfond

Füllung:
40 g feine Gemüsewürfel:
Sellerie, Lauch, Möhren
1 TL Butter

130 g Hechtfilet, gekühlt
Meersalz, Pfeffer
1 kaltes Ei
130 g Crème double,
gekühlt
Muskat
3 EL Schlagsahne

Soße:
1 TL Estragon-Essig
8 Estragonblätter
Meersalz, Pfeffer

0,1 l Weißwein
1 EL trockener Sekt
2 EL trockener Wermut
0,4 l Fischfond
200 g Crème double
30 g Butter

Garniervorschlag:
1-2 Tomaten, gehäutet,
entkernt, gewürfelt
1 EL Butter
einige Basilikumblätter

Für die Füllung die Gemüsewürfel in heißer Butter andünsten; abkühlen lassen.
Das Hechtfilet in kleine Stücke schneiden, salzen und pfeffern.
In einem elektrischen Zerkleinerer oder in einem Mixer pürieren; dabei nach und nach das kalte Ei und die Crème double untermischen.
Diese Farce abschmecken, durch ein feines Sieb streichen und kühl stellen.
Den Steinbutt innen salzen und pfeffern.
Die kalten Gemüsewürfel unter die gekühlte Hechtfarce mischen, die Schlagsahne unterheben.
Diese Masse in den Steinbutt füllen und alles in eine gebutterte, feuerfeste Form legen.
Den Fischfond aufgießen und den Steinbutt im vorgeheizten Backofen bei 200 Grad etwa 20 Minuten garen.
Für die Soße den Estragon-Essig mit dem gehackten Estragon einkochen lassen. Salzen, pfeffern, Wein, Sekt, Wermut und Fischfond zugeben und alles auf ein Viertel der Menge einkochen lassen.
Crème double unterrühren und die Soße ca. 10 Minuten köcheln lassen.
Für die Garnitur die Tomaten in heißer Butter andünsten, das gehackte Basilikum untermischen.
Den gegarten Steinbutt vorsichtig auf eine vorgewärmte Platte legen. Den Fischfond unter die Soße rühren.
Die Butter flöckchenweise unter die Soße schlagen und die Soße durch ein Sieb gießen.
Die Haut vom Steinbutt abziehen und die Tomaten-Basilikum-Mischung auf die Füllung geben. Flossen, Schwanz und Kopf vom Steinbutt entfernen, den Fisch portionieren und mit der Soße anrichten.

Vorsichtig die Haut von dem gegarten Steinbutt abziehen.

Die Tomaten-Basilikum-Mischung oben auf der Füllung des Steinbutts verteilen.

Mit Hilfe von zwei Eßlöffeln Fischflossen, Grätenrand und Schwanz entfernen.

Den Kopf ebenfalls vorsichtig abtrennen und den gefüllten Steinbutt in vier Portionen aufteilen.

SEEFISCHE

Bocuse empfiehlt dazu z. B. einen Frankenwein: 1987er Volkacher Kirchberg, Müller-Thurgau trocken. Ein Qualitätswein b. A.

KIELER SCHOLLENFILET

2 mittelgroße Schollen, ausgenommen
Meersalz
2-3 EL Öl zum Braten

Kräutersoße:
⅛ l trockener Weißwein
5 EL trockener Wermut
3 Schalotten, geschält, gehackt
¼ l Fischfond
70 g kalte Butter

etwas Zitronensaft
Meersalz
2 kleine Tomaten, gehäutet, entkernt
1 EL Butter
1 EL Kerbel, fein gehackt
1 TL Estragon, fein gehackt
½ TL Basilikum, fein gehackt
2 EL Schlagsahne

40

Für die Kräutersoße Wein, Wermut und Schalotten aufkochen lassen. Den Fischfond aufgießen und die Flüssigkeit etwa zur Hälfte einkochen lassen.
Von den Schollen die Köpfe mit einer Küchenschere durch einen bogenförmigen Schnitt entfernen.
Die Scholle entlang der Mittellinie bis zur Mittelgräte einschneiden und von dort aus ein Filet zu den Seitenflossen hin abtrennen. Die übrigen Schollenfilets auf die gleiche Weise filetieren.
Die Filets mit der Hautseite auf die Arbeitsfläche legen und die Haut am Schwanzende leicht lösen.
Die Haut festhalten, ein scharfes Messer zwischen Haut und Filet nach vorn schieben und so die Haut abziehen. Den feinen Grätenrand von den Filets abschaben.
Die Schollenfilets leicht salzen und in heißem Öl von jeder Seite leicht anbraten.
Auf Küchenpapier legen, damit überschüssiges Fett aufgesaugt wird; warm stellen.
Die kalte Butter flöckchenweise unter die Soße rühren; kurz aufkochen lassen.
Die Soße durch ein feines Sieb gießen, mit Zitronensaft sowie Salz abschmecken und kurz durchmixen.
Die Tomaten fein würfeln und in heißer Butter andünsten. Zusammen mit den Kräutern sowie der Sahne unter die Soße ziehen.
Auf vier Tellern mit den Schollenfilets anrichten.

Die Scholle entlang der Mittellinie bis zur Mittelgräte längs einschneiden.

Von dort ausgehend, die einzelnen Filets bis zu den Seitenflossen hin abtrennen.

Zum Häuten ein scharfes Messer langsam zwischen Haut und Filet nach vorn schieben.

Den feinen Flossen-Gräten-Rand vorsichtig mit einem Messer von den einzelnen Filets abschaben.

SEEFISCHE

Bocuse empfiehlt dazu einen leichten, säurebetonten Weißwein, z. B. aus Rheinhessen: 1986er Oppenheimer Krötenbrunnen, Kerner Kabinett trocken. Ein Qualitätswein mit Prädikat.

POCHIERTER SCHELLFISCH

1 kleiner Schellfisch, ca. 2 kg, beim Einkauf schuppen und ausnehmen lassen
5 l Wasser
Meersalz
1 Lorbeerblatt
½ Zwiebel, geschält, gehackt
10 Pfefferkörner
¼ l Estragon-Essig

Senfbutter:
1 rote Paprikaschote, geputzt, halbiert
120 g Butter
2 TL Grüner-Pfeffer-Senf
3 TL Kerbel, gehackt
Zitronensaft
Meersalz

Unter fließendem kalten Wasser den Schellfisch säubern und mit Küchenpapier abtrocknen.
Eine große Nadel mit Küchengarn am Kopf des Fisches unterhalb der Augen durchstechen.
Das Küchengarn durchziehen, den Schwanz in das Fischmaul stecken und ein Ende vom Küchengarn um den Schwanz herumlegen. Die Fadenenden zusammenknoten und abschneiden.
In einem großen ovalen Topf Wasser mit Salz, Lorbeerblatt, Zwiebel, Pfefferkörnern und Estragon-Essig aufkochen lassen.
Den gebundenen Schellfisch auf einen passenden, gelochten Einsatz legen.
Den Einsatz in den kochenden Sud stellen und den Schellfisch zugedeckt 15-20 Minuten bei geringer Hitze gar ziehen lassen.
Für die Senfbutter die Paprikahälften dünn schälen und das Fruchtfleisch fein würfeln.
Die Butter in einem Topf erhitzen, aufschäumen und leicht bräunen lassen.
In der Zwischenzeit den Senf mit dem Kerbel und dem Zitronensaft verrühren.
Die Paprikawürfel in die Butter geben, leicht salzen und die Paprikabutter nach und nach mit der Senf-Kräuter-Mischung verrühren.
Den Fisch aus dem Sud heben und das Küchengarn entfernen.
Den Schellfisch entlang der Rückengräte mit einem Messer vorsichtig einschneiden und die Haut von oben nach unten abziehen.
Das Fischfilet mit Hilfe eines Eßlöffels portionsweise von der Gräte abheben, auf der Senfbutter anrichten und pfeffern.

Eine große Nadel mit Küchengarn durch den Fischkiefer stechen, den Faden durchziehen.

Den Fischschwanz in das Fischmaul legen, mit einem Fadenende umwickeln; verknoten.

Den Schellfisch auf einen passenden, gelochten Einsatz legen und in den Sud setzen.

Nach dem Pochieren herausnehmen und abtropfen lassen. Den Schellfisch entlang der Rückengräte einschneiden und die Haut von oben nach unten vorsichtig abziehen.

SEEFISCHE

Bocuse empfiehlt dazu ein Glas kühles Bier oder einen leichten Weißwein, z. B. aus dem Gebiet Mosel-Saar-Ruwer: 1985er Zeller Schwarze Katz, Riesling halbtrocken. Ein Qualitätswein b. A.

SELBSTGEMACHTE MATJESHERINGE

Für ca. 10 Portionen
10 frische Heringe, beim Einkauf ausnehmen und den Kopf abtrennen lassen

Marinade:
8-10 Wacholderbeeren
1 kleine Knoblauchzehe, geschält
450 g weiße Zwiebeln, geschält, in Scheiben geschnitten
1 Lorbeerblatt
15-18 Pfefferkörner
0,2 l Weißwein-Essig
0,1 l Rotwein-Essig
5 EL Estragon-Essig
2 Zweige glatte Petersilie
8 Korianderkörner
70 g Salz
70 g Zucker
Viertel einer Zitrone, in Scheiben geschnitten
2 l Wasser

Alle Zutaten für die Marinade miteinander in einem großen Topf aufkochen und auf die Hälfte einkochen lassen.
Die eingekochte Marinade beiseite stellen und abkühlen lassen.
Die Heringe unter fließendem kalten Wasser säubern und mit Küchenpapier trockentupfen.
Danach wie folgt filetieren: Die Heringe entlang der Rückenseite mit einem scharfen Messer einschneiden und ein Filet vorsichtig von der Gräte lösen. Das zweite Filet auf der anderen Grätenseite auf die gleiche Weise ablösen, so daß die Hauptgräte mit dem Schwanz zurückbleibt.
Die Filets mit der Hautseite nach unten auf die Arbeitsfläche legen.
Die Haut am dünnen Schwanzende mit einem scharfen Messer etwas ablösen, festhalten und das Messer ohne großen Druck auf der Haut stehenlassen. Nun vorsichtig, durch leichtes Hin- und Herbewegen die Haut abziehen.
Die abgezogenen Filets so lange in eine Schale mit Wasser und Eiswürfeln legen, bis die Marinade abgekühlt ist.
Dann abwechselnd die Marinade und die Heringsfilets in eine ausreichend große Schüssel schichten. Mit Klarsichtfolie abdecken und alles mindestens einen Tag im Kühlschrank durchziehen lassen.
Dazu passen Pellkartoffeln und ein Klecks flüssige saure Sahne.
Übriggebliebene Matjesfilets können in der Marinade und abgedeckt im Kühlschrank mindestens eine Woche aufbewahrt werden.

Alle Zutaten für die Marinade aufkochen lassen und zur Hälfte reduzieren.

Die eingekochte Marinade beiseite stellen und abkühlen lassen.

Die Heringsfilets vorsichtig mit einem scharfen Messer von der Hauptgräte ablösen.

Die gehäuteten Heringsfilets abwechselnd mit der auf Raumtemperatur abgekühlten Marinade in eine Schüssel schichten.

SEEFISCHE

Bocuse empfiehlt dazu ein Glas kühles Bier oder einen Weißwein, z. B. aus dem Rheingau: 1985er Johannisberger Erntebringer, Riesling halbtrocken. Ein Qualitätswein b. A.

MATJESSÜLZE AUF KRÄUTERSCHAUM

Für 6-8 Portionen
½ l trockener Weißwein
¼ l Wasser
2 EL Essig
1 kleines Bund
Suppengrün, geputzt
1 Zwiebel
1 Lorbeerblatt
2 Gewürznelken
2 Wacholderbeeren
5 Pfefferkörner

1 Prise Zucker
Meersalz
14 Blatt weiße Gelatine
4 Eiweiß
3 EL Rote-Bete-Saft
8 Matjesfilets
2 große Gewürzgurken
2-3 Rote-Bete-Kugeln, sauer eingelegt

Kräuterschaum:
¼ l Crème fraîche
oder Schmand
¼ l Vollmilch
2 EL Orangensaft
Meersalz
1 Prise Zucker
frisch gemahlener
weißer Pfeffer
je 1 kleines Bund Dill,
Kerbel, Schnittlauch,
Petersilie und Kresse,
fein gehackt

Wein, Wasser, Essig und Suppengrün aufkochen. Auf der ungeschälten Zwiebel das Lorbeerblatt mit den Gewürznelken feststecken. Mit Wacholderbeeren, Pfeffer, Zucker und Salz in den Sud geben; 30 Minuten köcheln lassen.
Dann durch ein feines Sieb gießen, abkühlen lassen. Die Gelatine in kaltem Wasser einweichen.
Den abgekühlten Sud mit dem Eiweiß vermischen, unter Rühren langsam aufkochen lassen. Dann durch ein sauberes Tuch gießen, damit das gestockte Eiweiß mit den gebundenen Trübstoffen zurückbleibt.
Die ausgedrückte Gelatine in dem heißen Sud auflösen und den Rote-Bete-Saft unterrühren.
Die Flüssigkeit in einem eiskalten Wasserbad abkühlen, jedoch nicht fest werden lassen.
Die Matjesfilets in ca. 3 cm große Stücke schneiden. Die Gewürzgurken längs halbieren, entkernen und fein würfeln. Die Rote Bete ebenfalls fein würfeln.
Etwas Sülzflüssigkeit ½ cm hoch in Portionsförmchen gießen und erstarren lassen.
Dann abwechselnd die Rote-Bete- und Gurkenwürfel sowie die Matjesstücke auf den Geleespiegel schichten und mit Gelierflüssigkeit auffüllen.
6 Stunden im Kühlschrank durchkühlen lassen.
Für den Kräuterschaum alle Zutaten miteinander schaumig schlagen und abschmecken. Nach Belieben in einem Mixer pürieren, dann wird die Soße grüner.
Den Kräuterschaum auf vier Teller verteilen.
Die Förmchen mit der Sülze kurz in heißes Wasser tauchen, die Sülze am Rand mit einem Messer lösen, stürzen und auf dem Kräuterschaum anrichten.

Abwechselnd Gemüsewürfel und Matjesstücke in die vorbereiteten Förmchen schichten.

Zum Schluß alles mit dem kalten, aber noch flüssigen Gelee auffüllen. Kühl stellen.

Die Förmchen mit dem erstarrten Gelee vor dem Stürzen in heißes Wasser tauchen.

Die Sülze am Rand vorsichtig mit einem Messer lösen und stürzen. Auf dem vorbereiteten Kräuterschaum anrichten.

FLUSSFIS

Da gab es Gasthäuser in unseren Landen, deren Standort grenzte ans Schlaraffenland. Der Koch brauchte morgens nur die Angelrute aus dem Fenster zu halten, und mittags servierte er die taufrische Bachforelle. Ja, wenn er im Angeln ein besonders toller Hecht war, mochte auch ein veritabler Zander am Haken zappeln.

Doch auch für Restaurants, die nicht das Glück hatten, am rauschenden Bache zu liegen, war es in den kühlkettenlosen Zeiten problemlos, während der Saison frische Flußfische zu bekommen. Die Wasser des Landes waren ein ebenso unerschöpfliches Reservoir wie die Wälder. Und in den Seen schwammen Renke und Brasse, Blaufelchen und Rotauge und der Hecht im Karpfenteich — von minderem Flossenzeug ganz zu schweigen. Die großen Flüsse offerierten für den Feinschmecker eine geradezu verschwenderische Auswahl. Dem Dichter Ausonius beflügelte das schon vor 1700 Jahren die Feder, als es sich die Römer an der Mosel kulinarisch gutgehen ließen. In seinem Lobgesang "Mosella" schwärmte er: „Auch dich nicht, Barsch, will ich übergehen, du Leckerbissen jeder Tafel, unter allen Flußgeborenen ähnelst du am meisten den Meeresfischen."

Rhein und Elbe boten noch mehr: jene Nomaden unter den Fischen, die zwischen Salz- und Süßwasser pendelten — Aal und Alse, vor allem aber den hochbegehrten Lachs.

Um das Maß vollzumachen, war der Fisch von allerhöchster Instanz geadelt: Als Symboltier der Christenheit — Petrus war Fischer — regierte er die Freitagstafel und war das Fleisch der Fastenzeit.

Diese paradiesischen Zustände verlieren freilich viel von ihrem märchenhaften Flair, wenn man sich in Erinnerung ruft, daß die meisten Menschen damals froh waren, wenn sie überhaupt etwas zu essen hatten.

Die Überfülle war ein Privileg der wenigen. Die anderen labten sich auf Volksfesten an Gründlingen und anderen, meist grätenreichen

CHE

Sorten, die als "Steckerlfisch" überm offenen Feuer gebraten wurden. Das waren die Zeiten, als die schöne Müllerin noch für ein Rezept gut war und die weiblichen Teenager zärtlich Backfisch genannt wurden.

Heute müssen wir zwar auf Rheinsalm und Bachforelle verzichten, aber die Fischhändler liefern erstklassigen "Ersatz": die Regenbogenforelle, deren Zucht erst um die Jahrhundertwende gelang, und den Lachs von norwegischen und schottischen Küsten. Und wer über unsere Wochenmärkte geht, vor dem türmen sich appetitlich und farbenprächtig Zander und Hechte, Karauschen und Plötzen, Barsche und Schleie, ja sogar wieder Donauwaller — ungeachtet der kleiner gewordenen Zahl sauberer Gewässer.

Und das Schönste daran: Diese Fischfülle ist für jedermann erschwinglich. Vorbei die Tage des vorigen Jahrhunderts, als ein Küchen-Abc noch anmerkte, der Hecht sei so etwas Edles, daß er eigentlich "von Hecht" heißen müsse. Längst auch ist ein Forellen-Quintett auf der Servierplatte billiger als auf der Schallplatte.

Und der Weihnachtskarpfen, von Thomas Mann in den "Buddenbrooks" noch zum Prestige-Essen großbürgerlicher Kultur emporstilisiert, wird heute zu Tausenden von Tonnen aus Zuchtteichen herangekarrt. Was dann "blau" oder "polnisch" auf den Tisch kommt, hat nichts Exklusives mehr an sich, dafür aber den unschätzbaren Vorzug, garantiert nicht modrig zu schmecken.

Ein hübscher Brauch ist leider untergegangen. Der alte Senator Buddenbrook pflegte sich stets ein paar Karpfenschuppen ins Portemonnaie zu stecken, auf daß im nächsten Jahr jederzeit Geld darin sei.

> 66 Unter allen Süßwasserfischen liebe ich den Karpfen am meisten. Im Gegensatz zu Deutschland ist er in Frankreich etwas in Vergessenheit geraten. Aber ich glaube, er wird wieder in Mode kommen. Ein wunderbarer Fisch. Einfach so im Backofen gemacht mit Rotwein oder in Scheiben geschnitten und gegrillt. Am besten schmecken Karpfen im Winter. Dann ist das Wasser kälter und sauberer. Eine große Tradition in unserer Familie hat der Hecht. Man ißt ihn stets bei Hochzeiten und der Erstkommunion. Für alle Fische gilt übrigens die Regel: So kurz und so schonend wie möglich garen. 99

FLUSSFISCHE

Geschmacksverfeinerung auf die kalte Tour: Karpfen im Eiswasserbad. Schon früher wußten gute Köchinnen und Köche, daß Deutschlands liebster Festfisch besser schmeckt, wenn man sein Fleisch 24 Stunden wässert.

FLUSSFISCHE

Ein Quartett für Kenner: Filets vom Egli, einer kleinen, aber feinen Flußbarsch-Art. Gewöhnlich werden sie auf Müllerin-Art zubereitet, indem man sie in Mehl wälzt und in Butter brät. Bocuse ist dazu eine deutsche Steigerung eingefallen: der Bierteig.

FLUSSFISCHE

Grün ist er am bekanntesten, blau ein Fall für Snobs, frikassiert Hamburgs berühmteste Suppeneinlage, geräuchert eine Delikatesse — der Aal windet sich auf vielseitige Art durch die Rezeptliteratur. Französisch fein gemacht, kommt er nun als Sülze mit Gemüsen.

FLUSSFISCHE

Bocuse empfiehlt dazu z. B. einen kräftigen, leicht säurebetonten Frankenwein: 1985er Würzburger Stein, Silvaner Spätlese trocken. Ein Qualitätswein mit Prädikat.

LACHS-LASAGNE A LA WINKLER

Nudelteig:
250 g Mehl
50 g Hartweizengrieß
3 Eier
4 EL Olivenöl
1 Prise Salz
1 EL Wasser

Soße:
1 kleine Schalotte, geschält, halbiert
0,1 l Weißwein
3 EL trockener Wermut
0,4 l Fischfond
220 g Butter, in Stücke geschnitten
5 Basilikumblätter
Meersalz
Zitronensaft

Füllung:
50 kleine Spinatblätter, verlesen, gewaschen
5-6 Tomaten, abgezogen und entkernt
30 g Butter
5 Basilikumblätter, gehackt
Meersalz
250-300 g Lachsfilet, beim Einkauf in dünne Scheiben schneiden lassen
frisch gemahlener Pfeffer
etwas Butter für die Pfanne

Alle Zutaten für den Nudelteig miteinander glattkneten und zu einer Kugel formen. In Klarsichtfolie einschlagen und etwa eine Stunde ruhenlassen.

Den Teig zum Entspannen mehrmals durch die glatte Walze einer Nudelmaschine geben oder auf einer mit Mehl bestäubten Arbeitsfläche dünn ausrollen.

Dann hauchdünn ausrollen, in 10 x 8 cm große Rechtecke schneiden und nebeneinander auf ein bemehltes Tuch legen.

Für die Soße Schalotte, Weißwein und Wermut aufkochen. Den Fischfond dazugeben und alles auf ein Drittel einreduzieren.

Für die Füllung die Spinatblätter abtropfen lassen. Dicken Winterspinat mit kochendem Wasser übergießen, kalt abschrecken und mit Küchenpapier trockentupfen. Zarter Frühlingsspinat muß nicht blanchiert werden, er wird durch den heißen Lachs beim Schichten der Lasagne gegart.

Die Tomaten in feine Würfel schneiden und in heißer Butter anschwenken. Mit Basilikum und Salz würzen, warm stellen.

Die Lachsscheiben in 10 x 8 cm große Rechtecke schneiden und mit Salz und Pfeffer würzen. Kurz von jeder Seite in wenig Butter anbraten.

Die Nudelteigscheiben in kochendem Salzwasser mit einem Eßlöffel Öl 2-3 Minuten garen.

Butter und Basilikum zur Soße geben, verkochen lassen und durch ein Sieb gießen.

Die Nudelscheiben abtropfen lassen und in warmem Wasser die Mehlstärke abspülen.

Auf 4 Tellern abwechselnd Nudelscheiben, Tomaten, Spinatblätter und Lachs schichten. Diesen Vorgang so oft wiederholen, bis jede Lasagne etwa 4-5 cm hoch ist.

Die Soße aufmixen, mit Salz und Zitronensaft abschmecken und über die Lasagne geben. Nach Belieben mit Basilikumblättchen garnieren.

Auf einer Nudelscheibe einige Tomatenwürfel verteilen.

Einige gut trockengetupfte Spinatblätter darauflegen und nach Belieben leicht pfeffern.

Darauf die gebratene Lachsscheibe legen, erneut, wie oben beschrieben, schichten.

Als Abschluß der Lasagne eine Nudelscheibe obenauf legen. Vor dem Servieren etwas von der heißen, aufgemixten Soße darübergeben.

FLUSSFISCHE

Bocuse empfiehlt dazu einen Weißwein mit milder Säure, z. B. von der Nahe: 1985er Rüdesheimer Rosengarten, Müller-Thurgau Kabinett trocken. Ein Qualitätswein mit Prädikat.

KARPFEN IM OFEN GESCHMORT

2 kleine Karpfen, je ca. 1 kg, beim Einkauf ausnehmen, schuppen und längs halbieren lassen
20 g Butter
Meersalz
frisch gemahlener Pfeffer

Kräutermasse:
150 g frisches Weißbrot, entrindet, durch ein Sieb gestrichen
130 g weiche Butter
5 g Basilikumblätter, fein gehackt
5 g Kerbelblätter, fein gehackt
8 g Petersilie, entstielt, fein gehackt
Meersalz
frisch gemahlener Pfeffer

Zitronenbutter:
1 Zitrone
100 g Butter
4 EL eingekochter Kalbsfond
Meersalz
frisch gemahlener Pfeffer

Die halbierten Karpfen für etwa einen Tag in Eiswasser legen.
Vor der Zubereitung herausnehmen und mit Küchenpapier trockentupfen.
Ein Backblech buttern, mit Salz und Pfeffer bestreuen und die Karpfenhälften darauflegen. Leicht mit Salz und Pfeffer würzen.
Für die Kräutermasse das Weißbrot mit der weichen Butter und den Kräutern verkneten. Salzen, pfeffern und die Karpfen damit bedecken. Den Kopf und den Schwanz dabei frei lassen.
Im vorgeheizten Backofen bei 220 Grad ca. 20 Minuten garen. Eventuell mit Pergamentpapier abdecken, falls die Oberfläche stark bräunt.
Für die Zitronenbutter die Zitrone einschließlich der weißen Innenhaut schälen. Die einzelnen Filets zwischen den Trennhäuten herausschneiden. Den Saft dabei auffangen und beiseite stellen. Die Zitronenreste mit der Hand ausdrücken.
Die Butter erhitzen und kurz aufschäumen lassen. Dann durch ein feines Sieb gießen, erneut erhitzen und leicht bräunen lassen.
Mit dem Zitronensaft ablöschen.
Den Kalbsfond unterrühren, mit Salz und Pfeffer abschmecken und die Zitronenfilets kurz in der Soße erwärmen.
Die Karpfen aus dem Ofen nehmen. Die Karpfenfilets vorsichtig von Kopf, Schwanz und Gräte lösen und auf der Zitronenbutter anrichten.

Die Karpfenhälften auf ein gebuttertes, gewürztes Blech legen. Würzen.

Die vorbereitete Kräutermasse darauf verteilen. Kopf und Schwanz des Karpfens frei lassen.

Die Masse gleichmäßig mit einem Messer auf die Karpfen drücken.

Die Karpfen im vorgeheizten Backofen bei 220 Grad ca. 20 Minuten lang garen. Zum Servieren die Köpfe entfernen und die Karpfenfilets vorsichtig von der Gräte heben.

FLUSSFISCHE

Bocuse empfiehlt dazu z. B. einen Frankenwein: 1986er Randersackerer Ewig Leben, Silvaner Kabinett trocken. Ein Qualitätswein mit Prädikat.

FRIKASSEE VOM WALLER

1 Waller, ca. 2 kg, beim Einkauf filetieren und häuten lassen
Meersalz
frisch gemahlener Pfeffer

Gemüsefond:
1 kleine Zwiebel, geschält
1 Stange Lauch, geputzt
1 kleine Möhre, geputzt
1 Stange Staudensellerie, geputzt

0,2 l trockener Weißwein
1 TL Estragon-Essig
ca. 1 l Wasser
Meersalz
frisch gemahlener Pfeffer

Einlage:
60 g Staudensellerie, geputzt
60 g Möhren, geschält
60 g Lauch, geputzt
1 EL Butter

Meersalz
frisch gemahlener Pfeffer

Soße:
180 g Butter
1 kleine Schalotte, geschält, gehackt
6 EL trockener Weißwein
2 EL Wermut, ½ l Fischfond
¼ Meerrettichwurzel
Meersalz
frisch gemahlener Pfeffer

Für den Gemüsefond das Gemüse in grobe Stücke schneiden und mit den übrigen Zutaten zusammen aufkochen lassen; kräftig salzen.
Für die Soße 2 EL Butter erhitzen, die Schalotte darin andünsten und mit Wein und Wermut ablöschen.
Den Fischfond aufgießen und die Flüssigkeit auf ein Drittel einkochen lassen.
Die Meerrettichwurzel schälen und raspeln; einige Raspel mit in die Soße geben.
Das Wallerfilet in 4 x 4 cm große Stücke schneiden, salzen, pfeffern und in den Gemüsefond geben.
Etwa 4-5 Minuten lang pochieren.
Für die Einlage das Gemüse in feine Streifen schneiden. In heißer Butter andünsten, einige Tropfen Wasser zugeben, salzen, pfeffern und knackig garen.
Etwas vom Pochierfond des Wallers abnehmen und zu den Gemüsestreifen geben.
Kurz durchkochen lassen; dann die Kochflüssigkeit der Gemüsestreifen in die Soße abgießen. Das Gemüse beiseite stellen.
Die Soße noch etwas einkochen lassen, erst dann die Gemüsestreifen untermischen.
Die Wallerstücke aus dem Fond heben, abtropfen lassen und in die Soße geben. Kurz durchziehen lassen, herausnehmen und warm stellen.
Die übrige Butter flöckchenweise unter die Soße rühren und die Soße abschmecken.
Die Fischstücke mit der Soße anrichten und die Meerrettichstreifen darüberstreuen.

Die gewürzten Wallerfiletstücke in den kochenden Fond geben, Hitze reduzieren.

Das Gemüse für die Einlage andünsten. Etwas Pochierfond zugeben.

Kurz durchkochen lassen, dann die Flüssigkeit zur Soße abgießen.

Die Soße etwas einkochen lassen, Gemüsestreifen und abgetropfte Wallerstücke hineingeben. Kurz durchziehen lassen, dann den Fisch herausnehmen und die Butter unter die Soße rühren.

FLUSSFISCHE

Bocuse empfiehlt dazu einen Weißwein, z. B. von der Hessischen Bergstraße: 1983er Auerbacher Rott, Riesling Spätlese halbtrocken. Ein Qualitätswein mit Prädikat.

BODENSEE-EGLIFILET IN BIERTEIG

1 l Öl zum Ausbacken
500 g Eglifilet
Salz
1-2 EL Mehl
1 Bund krause Petersilie

Bierteig:
200 g Mehl
2 Eigelb
¼ l Bier
1 Prise Salz
1 Prise Zucker
40 g zerlassene Butter
2 Eiweiß

Zitronensoße:
4 Schalotten, geschält, gehackt
⅛ l Weißwein
2 EL trockener Wermut
1 EL Zitronensaft
½ TL Estragon-Essig
120 g Butter
Salz, Pfeffer

Mehl mit Eigelb und Bier für den Bierteig glattrühren.
Salz, Zucker und Butter unterrühren. Eine halbe Stunde bei Zimmertemperatur stehenlassen.
Dann das Eiweiß nicht zu steif schlagen und vorsichtig unter den Bierteig heben.
Für die Zitronensoße Schalotten, Wein und Wermut gut einkochen lassen. Zitronensaft und Essig zugeben und die kalte Butter flöckchenweise unterschlagen. Abschmecken und warm stellen.
Das Öl in einem Topf oder in einer Friteuse auf ca. 180 Grad erhitzen.
Die Eglifilets salzen, in Mehl wenden und durch den durchgerührten Bierteig ziehen.
Abtropfen lassen und ca. 2 Minuten lang in dem heißen Öl goldbraun ausbacken.
Herausnehmen und auf Küchenpapier legen, damit überschüssiges Fett aufgesaugt wird.
Danach die Petersilie kurz in das heiße Öl geben und kroß werden lassen.
Die Zitronensoße auf vier Teller verteilen, die Eglifilets darauf anrichten, mit der Petersilie garnieren.

Die gewürzten Eglifilets zuerst in Mehl wenden, dann durch den Bierteig ziehen.

Überschüssigen Teig abtropfen lassen und die Eglifilets in das heiße Öl hineingeben.

Sobald die im Fett liegende Seite goldbraun ausgebacken ist, vorsichtig wenden.

Die ausgebackenen Eglifilets auf Küchenpapier legen, damit überschüssiges Fett aufgesaugt wird.

FLUSSFISCHE

Bocuse empfiehlt dazu einen Weißwein, z. B. aus dem Gebiet Mosel-Saar-Ruwer: 1985er Zeltinger Himmelreich, Riesling Kabinett halbtrocken. Ein Qualitätswein mit Prädikat.

AALSÜLZE MIT KICHERERBSEN

Für eine 25 x 8 cm große, 8 cm hohe Form, ergibt ca. 8 Portionen

7 Blatt weiße Gelatine
300 g Kichererbsen, in lauwarmem Wasser eingeweicht
250 g feine grüne Bohnen, geputzt
250 g Champignonköpfe, geputzt
⅛ l Weißwein

800 g geräucherter Aal, beim Einkauf filetieren und abziehen lassen
4 Eiweiß
etwas Zitronensaft
Aalhaut und Gräten
¾ l Fischfond
1 EL Weißwein
1 TL trockener Wermut
Meersalz

Soße:
1 Eigelb, ½ TL Senf

2 EL Sherry-Essig
2 EL Weißwein-Essig
Meersalz
frisch gemahlener Pfeffer
⅛ l Öl
2 EL klare Kraftbrühe
Saft einer Viertel Zitrone
½ Apfel, geschält, fein gewürfelt
1 EL Meerrettich, frisch gerieben
1 EL Apfelsaft

Gelatine in kaltem Wasser einweichen. Die Kichererbsen in kochendem Salzwasser eine Stunde lang garen.
Die Bohnen in kochendem Salzwasser 2-3 Minuten knackig garen und kalt abschrecken.
Die Champignonköpfe in einem Dämpfeinsatz über kochendem Weißwein 2-3 Minuten dämpfen.
Das Gemüse abtropfen und auskühlen lassen.
Die dünne Bauchhaut mit den feinen Gräten vom Aalfilet entfernen und das Filet in Länge der Terrinenform zurechtschneiden.
Eiweiß und Zitronensaft verquirlen, mit der Aalhaut und den Gräten unter den Fischfond mischen. Aufkochen und um ein Drittel einkochen lassen.
Die ausgedrückte Gelatine in diesem Klärfond auflösen.
Alles durch ein sauberes Tuch gießen, abkühlen lassen, mit Weißwein, Wermut und Salz würzen.
Die Gelierflüssigkeit ½ cm hoch in die Terrinenform gießen, kühl stellen.
Die Bohnen in dem flüssigen Gelee wenden und eine Schicht auf den Geleespiegel legen. Etwas Gelierflüssigkeit darübergeben und im Kühlschrank fest werden lassen.
Das Aalfilet, die Champignonköpfe und die Kichererbsen auf die gleiche Weise schichten.
Die übrige Gelierflüssigkeit auffüllen und die Terrine 2 Stunden kühl stellen.
Für die Soße Eigelb, Senf, Essig, Salz und Pfeffer verrühren. Das Öl unter ständigem Rühren dazugeben. Brühe, Zitronensaft, Apfelwürfel, Meerrettich und Apfelsaft untermischen, abschmecken.
Die Terrine mit der Sülze kurz in heißes Wasser tauchen, stürzen und mit einem sehr scharfen Messer oder einem Elektromesser in Scheiben schneiden. Mit der Soße anrichten.

Die ausgedrückte Gelatine in den heißen Klärfond geben und darin auflösen.

Den Klärfond mit dem gestockten Eiweiß durch ein Tuch gießen, leicht ausdrücken.

Auf den Geleespiegel in der Form die in Gelee gewälzten Bohnen legen.

Die übrigen Zutaten auf die gleiche Weise darüberschichten und das übrige flüssige Gelee auffüllen. Die gefüllte Terrinenform für etwa 2 Stunden kühl stellen.

GEFLÜG

Der erste prominente Geflügel-Liebhaber war Kaiser Barbarossa. Auf einem Kreuzzug durchs Heilige Land überkam ihn der Appetit danach derart heftig, daß er für ein einziges Huhn acht Ochsen zum Tausch anbot.

Wie die Sache ausging, ist leider nicht überliefert. Doch sie verdeutlicht die althergebrachte Wertschätzung des Geflügels. Jegliches Federvieh galt als Delikatesse, die den Begüterten oder doch besonderen Festtagen vorbehalten war. Erst Mitte des Jahrhunderts wurde das Hähnchen zum preiswerten Braten für jedermann. Davor gab's die obligatorische Weihnachtsgans in Bürgerküchen, vielleicht mal eine Ente vom Land, häufiger ein Suppenhuhn.

Wer es sich leisten konnte, verzehrte seine Gans sechs Wochen vor Weihnachten am Martinstag — da war sie noch zarter und nicht so fett. Der Brauch, am 11. November eine Gans zu verzehren, geht zurück auf eine Legende um den heiligen Martin. Als der gegen seinen Willen im Jahre 371 zum Bischof von Tours gewählt wurde, versteckte er sich im Gänsestall. Und weil ihn deren Schnattern verriet, ließ er sie allesamt braten. Heutzutage sind die wachsamen Vögel sogar zu Nachtwächtern von schottischen Whisky-Brennereien avanciert.

Im Mittelalter waren es die Ritter, die landauf, landab als Geflügel-Vielfraße galten. Für gewöhnlich brieten sie ihre Hühner am Spieß, nachdem sie die Vögel mit einer stark gewürzten Farce gefüllt hatten, und verspeisten sie anschließend zu scharfer Pfeffersoße. Hähne rührten sie hingegen nicht an, weil die als Wecker gebraucht wurden. Ihre Lieblings-Leckerbissen waren jedoch drei Vögel, von denen heute nur noch einer zur guten Küche zählt: Schwan, Pfau und Fasan.

Beim Pfauenessen, einer reichlich zähen Angelegenheit, pflegten die Ritter auch fromme oder forsche Gelübde von sich zu geben. Denn dem buntgefiederten Vogel wurden göttliche Beziehungen nachgerühmt. Später erhielt dann der französische Gourmet-Papst Brillat-Savarin offenbar sogar Einblick in den Schöpfungsplan: „Ich glaube ganz sicher, daß die gesamte Gattung der Hühnervögel nur geschaffen worden ist, um unsere Speisekammer zu füllen und unsere Mahlzeiten zu bereichern!"

Eine Zeitlang schien den meisten solch ein Lobgesang lächerlich. Das war, als das Huhn von der Prestigeleiter fiel. Die Schmähworte reichten vom "Gummiadler" bis zum "Eisvogel", weil das Federvieh anscheinend nur noch in den Tiefkühltruhen der Supermärkte anzutreffen war. Inzwischen wächst die Zahl der frei laufenden Hähnchen, die – mit Mais gefüttert – Feinschmecker wieder in Entzücken versetzen, wenn man sie frisch geschlachtet auf dem Wochenmarkt angeboten bekommt.

Nicht vergessen werden sollte jedoch, welche kulturgeschichtliche Rolle das Geflügel spielte. Daunenbetten sorgten für das luxuriöse nächtliche Wohlbefinden solcher Leute, die nicht mit ihren Stubenküken in einem Raum schlafen mußten. Und ohne den Gänsekiel gäb's weder Kants kategorischen Imperativ noch Beethovens Neunte. Als dann mehr gedruckt als geschrieben wurde, erblickte die Zeitungsente das Licht der Welt.

Zahllos die Anekdoten, die sich rund ums Geflügel ranken. Sie würden Bücher füllen. Doch die schönste Huldigung ersann Wilhelm Hauff, als er in seinem Märchen "Zwerg Nase" die Gans Mimi zur Drei-Sterne-Köchin erhob.

> ❝ Wichtig ist, daß die Hühner in Freigehegen gehalten werden. Das ideale Schlachtgewicht liegt so etwa bei 1,6 bis 2 kg. Es gibt zwar Hunderte von Zubereitungsarten, aber auch hier ist, wie so oft, die simpelste die beste. Am Spieß und über Holzfeuer gebraten, serviert mit jungen grünen Erbsen – das ist das schönste Frühlingsessen. ❞

GEFLÜGEL

Der Koch, der als erster die Idee hatte, Entenfleisch mit der süßlichen Säure von Orangen zu kombinieren, war ein Küchengenie. "Canard à l'Orange", längst ein Küchenklassiker, brät hier wie in der guten alten Zeit.

GEFLÜGEL

Küchen-Vorurteile schmort man am besten so lange, bis sie weich sind. Wer wagte noch zu behaupten, daß das Huhn im Topf sich nur mit Weißwein vertragen würde — nachdem er Bocuse' rote Variante ausprobiert hat! (Rezept Huhn in Rotwein Seite 80.)

GEFLÜGEL

72

Pute in der Hängematte: Das Brustfilet wird mit einem Kräutermantel umlegt, der beim Garen seine grüne Würze an das Fleisch abgeben wird. Dazu muß der Mantel freilich zusammengehalten werden. Das besorgt ein Schweinenetz auf ganz natürliche Weise.

GEFLÜGEL

Bocuse empfiehlt dazu einen würzigen, nicht zu trockenen Wein, z. B. aus der Rheinpfalz: 1986er Gimmeldinger Meerspinne, Gewürztraminer Spätlese halbtrocken. Ein Qualitätswein mit Prädikat.

ENTE MIT ORANGENSOSSE

1 junge Ente, küchenfertig, ca. 2 kg
frisch gemahlener Pfeffer
Meersalz

Innereien der Ente:
Hals, Herz, Magen
3 EL Öl
1 kleine Zwiebel
1 Möhre
1 Stück Sellerie
0,1 l Rotwein
⅛ l Geflügelfond

Orangensoße:
1 EL Butter
2 EL Zucker
ca. ⅛ l Rotwein-Essig

0,1 l Kalbsfond
Saft von 3 Orangen
Saft von 3 Zitronen
Fond von der Ente
Schale je einer unbehandelten Orange und Zitrone, in feine Streifen geschnitten
60 g kalte Butter

Soßeneinlage:
4 Orangen

Unter fließendem kalten Wasser die Ente säubern und mit Küchenpapier trockentupfen. Von innen mit Pfeffer und Salz würzen.
Nach Belieben mit Küchengarn binden, damit sie beim Braten in Form bleibt, und mit etwas Wasser sowie Hals, Herz und Magen in einen Bräter legen. Die Ente mit Öl beträufeln und im vorgeheizten Backofen bei 200 Grad ca. 30 Minuten braten. Zwischendurch immer wieder mit der Bratenflüssigkeit begießen.
Zwiebel, Möhre und Sellerie putzen und in Würfel schneiden. Beiseite stellen.
Die Ente aus dem Bräter heben, die Flüssigkeit aus dem Inneren herauslaufen lassen und das Geflügel warm stellen. Das Bratfett abgießen und das vorbereitete Gemüse im Bräter anrösten. Mit Rotwein und Geflügelfond ablöschen, kräftig einkochen lassen.
Für die Orangensoße die Butter in einem Topf erhitzen, den Zucker einstreuen und unter Rühren goldbraun karamelisieren lassen.
Mit Rotwein-Essig, Kalbsfond, Orangen- und Zitronensaft ablöschen, etwa zur Hälfte einkochen lassen.
Den Entenfond aus dem Bräter durch ein feines Sieb gießen, wenn nötig entfetten und unter die eingekochte Soße mischen.
Orangen- und Zitronenschalenstreifen zugeben und noch etwas einkochen lassen.
Für die Soßeneinlage die Orangen einschließlich der weißen Innenhaut schälen und die einzelnen Filets zwischen den Trennhäuten herausschneiden.
Die kalte Butter flöckchenweise unter die Soße schlagen. Die Soße abschmecken und die Orangenfilets kurz darin erwärmen.
Die Ente tranchieren, die Entenbrust in dünne Scheiben schneiden und mit der Soße anrichten.
Die zu rohen Entenkeulen kurz nachbraten und danach servieren.

Für die Orangensoße die Butter erhitzen, den Zucker einstreuen und karamelisieren lassen.

Ständig rühren, damit die Zuckermasse gleichmäßig und nicht zu dunkel karamelisiert.

Essig, Fond, Zitronen- und Orangensaft zugeben, zur Hälfte einkochen lassen.

Orangen- und Zitronenschalenstreifen zugeben, noch etwas einkochen lassen und kalte Butterflöckchen unterrühren. Die Soße abschmecken und die Orangenfilets kurz darin erhitzen.

GEFLÜGEL

Bocuse empfiehlt dazu einen Weißwein, z. B. aus Baden: 1986er Wieslocher Mannaberg, Ruländer Spätlese halbtrocken. Ein Qualitätswein mit Prädikat.

GÄNSEBRATEN MIT GRIESSKNÖDELN

1 junge Gans,
ca. 2,5 kg, küchenfertig
Meersalz
1 mittelgroßer Apfel,
Boskop
1 Zwiebel, geschält
1 Zweig Beifuß
ca. ¼ l Wasser
0,4 l brauner Geflügelfond

Grießknödel:
140 g Butter
4 Eier
240 g Grieß
5 Brötchen, ca 200 g,
entrindet, fein gewürfelt
⅛ l saure Sahne
450 g Kartoffeln,
mehlig kochend
Meersalz
Muskat

Bratäpfel:
4 Äpfel, Boskop,
gewaschen
40 g Butter
2 EL Preiselbeeren
35 g Zucker
Saft einer halben
Zitrone
2 EL Weißwein

Die Gans säubern, trockentupfen und von innen mit Salz würzen.
Den Apfel schälen, halbieren und mit der Zwiebel sowie dem Beifuß in die Gans füllen.
Das Wasser in einem Bräter zum Kochen bringen und die Gans hineinlegen.
Im vorgeheizten Backofen bei 220 Grad etwa 1½-2 Stunden garen. Zwischendurch mehrmals mit der Bratflüssigkeit begießen. Nach einer Stunde die Füllung aus der Gans nehmen und offen in den Bräter legen.
Für die Grießknödel die Butter schaumig rühren, die Eier und den Grieß unterrühren. Den Teig etwa eine Stunde ruhenlassen.
Die Brötchenwürfel in saurer Sahne einweichen.
Die gesäuberten Kartoffeln kochen, pellen, grob zerteilen und auf ein Backblech legen.
In den vorgeheizten Backofen schieben und bei 200 Grad 5-7 Minuten ausdämpfen lassen. Danach durch ein Sieb streichen, mit den Brötchenwürfeln und der Grießmasse vermischen und mit Salz sowie Muskat abschmecken.
Die Gans aus dem Bräter nehmen, warm stellen.
Den Geflügelfond in den Bräter geben, kräftig durchkochen und durch ein feines Sieb gießen. Wenn nötig entfetten, abschmecken.
Aus der Grieß-Kartoffel-Masse kleine Knödel formen und in kochendem Salzwasser ca. 15 Minuten gar ziehen lassen.
Für die Bratäpfel das Kerngehäuse der Äpfel mit einem Apfelausstecher entfernen.
Die Äpfel in eine gebutterte Form setzen, mit Preiselbeeren füllen und mit Zucker bestreuen. Übrige Butter in Flöckchen darüber verteilen.
Im vorgeheizten Backofen bei 250 Grad braten. Zitronensaft und Wein dazugeben; weiterschmoren lassen, bis der Saft dickflüssig eingekocht ist.
Zum Servieren die Gans tranchieren, mit den Grießknödeln und Bratäpfeln anrichten. Fleisch und Äpfel mit der jeweiligen Soße überziehen.

Den halbierten Apfel, die Zwiebel und den Beifuß in das Innere der Gans füllen.

Das Wasser in einem Bräter aufkochen, die Gans hineinlegen. Bei 220 Grad 1½ bis …

… 2 Stunden garen. Aus dem Bräter heben und die Flüssigkeit herauslaufen lassen.

Die Gans vor dem Servieren tranchieren: Das Brustfleisch vom Brustbein aus von der Karkasse herunterschneiden. Keulen abtrennen. Die Gänsebrust schräg in Scheiben schneiden.

GEFLÜGEL

Bocuse empfiehlt dazu einen Rosé-wein, z. B. aus Baden: 1986er Merdinger Bühl, Spätburgunder Weißherbst trocken. Ein Qualitätswein b. A.

GEFÜLLTE POULARDE

1 Poularde, küchenfertig, ca. 1,3 kg
Meersalz
frisch gemahlener Pfeffer

Füllung:
250 g Butter
1 Schalotte, geschält, fein gehackt
Leber und Herz der Poularde, durch einen Fleischwolf gedreht
3-4 eingeweichte Morcheln, gesäubert und gehackt

1 EL gehackter Kerbel
1 EL gehackte Petersilie
2 kleine Rosmarinzweige
Meersalz
frisch gemahlener Pfeffer
180 g entrindetes Weißbrot, gewürfelt
1 Ei
Muskat
einige Majoranblättchen

För die Füllung 30 g von der Butter zerlassen und die Schalotte darin andünsten.
Innereien, Morcheln, Kerbel, Petersilie sowie einen Zweig Rosmarin zugeben und mitdünsten.
Salzen, pfeffern, zugedeckt beiseite stellen.
Zwei Drittel der übrigen Butter erhitzen und 100 g der Brotwürfel darin goldbraun rösten.
Restliche Butter und das Ei miteinander glattrühren, ungeröstete Brotwürfel untermischen.
Den Rosmarin aus der angedünsteten Mischung herausnehmen und diese mit der Butter-Ei-Brot-Masse vermengen.
Mit Pfeffer, Salz sowie Muskat abschmecken, Majoran und geröstete Brotwürfel untermischen.
Die Poulardenhaut vom Brustknochen her vorsichtig lösen, ohne sie zu zerreißen.
Die Füllung zwischen Brustfleisch und Haut geben. Nicht zuviel einfüllen, damit die Haut nicht beim Aufgehen der Füllung während des Bratens platzt.
Die Poularde innen salzen, pfeffern, übrige Füllung und einen Rosmarinzweig hineingeben.
Die Poulardenhaut am Halsende umschlagen und die Bauchöffnung auch verschließen.
Beide Öffnungen mit Küchengarn zunähen und das Geflügel binden, damit es beim Braten in Form bleibt.
Die gefüllte Poularde in einen Bräter setzen und eine Tasse Wasser angießen.
Im vorgeheizten Backofen bei 180 Grad 1-1½ Stunden braten. Ab und zu mit dem Bratenfond übergießen. Die Poularde mit Aluminiumfolie abdecken, falls sie zu stark bräunt.
Die Poularde herausnehmen, das Küchengarn entfernen.
Das Brustfleisch in schönen Scheiben von der Karkasse schneiden und anrichten. Nach Belieben etwas entfetteten Bratenfond darübergeben.
Die Keulen separat servieren.
Dazu paßt ein Kartoffelgratin.

Die Poulardenhaut mit den Händen vom Brustknochen aus vom Brustfleisch lösen.

Die Finger dabei vorsichtig nach vorne schieben, ohne die Haut zu zerreißen.

Die Füllung mit einem Eßlöffel zwischen Haut und Brustfleisch geben.

Die Haut am Halsende umschlagen, die Bauchöffnung auch verschließen und beides mit Küchengarn zunähen. Die Poularde binden, damit sie beim Braten in Form bleibt.

GEFLÜGEL

Bocuse empfiehlt dazu einen gehaltvollen Rotwein, z. B. von der Ahr: 1983er Dernauer Klosterberg, Spätburgunder Spätlese trocken. Ein Qualitätswein mit Prädikat.

HUHN IN ROTWEIN

1 Poularde, ca. 1,5 kg, küchenfertig
Meersalz
frisch gemahlener Pfeffer

Marinade:
1 Zwiebel, geschält
1 Stange Staudensellerie, geputzt
1 Stange Lauch, geputzt
1 Möhre, geputzt
1 Lorbeerblatt
2-3 Gewürznelken
etwas Thymian, Petersilie
8 weiße Pfefferkörner
0,4 l roter Burgunder

Soße:
5 EL Öl
0,7 l brauner Geflügelfond
1 kleine Knoblauchzehe, geschält, gehackt
3 kleine Tomaten, gehäutet und entkernt
2-3 EL Schweineblut
60 g Butter

Garniervorschlag:
10 g getrocknete Steinpilze, eingeweicht
60 g Speckwürfel
12 Perlzwiebeln, geschält
1 EL Butter
Meersalz
4 Weißbrotscheiben
60 g geklärte Butter
etwas Petersilie, gehackt

Poularde unter fließendem kalten Wasser säubern und mit Küchenpapier trockentupfen. Die Keulen der Poularde mit einem scharfen Messer abtrennen. Die Poulardenbrust neben dem Brustbein längs einschneiden und eine Brusthälfte von der Karkasse schneiden. Die zweite Brusthälfte auf die gleiche Weise entfernen.
Beide Flügel abschlagen, dabei die kleinen Flügelgelenkknochen am Fleisch lassen. Die Karkasse für einen Geflügelfond verwenden.
Für die Marinade das Gemüse grob zerteilen, mit den Geflügelteilen, den Gewürzzutaten und dem Burgunder in einer Schüssel vermischen.
Abgedeckt 24 Stunden durchziehen lassen.
Die Geflügelteile aus der Marinade nehmen und mit Küchenpapier abtrocknen. Salzen, pfeffern und in heißem Öl anbraten.
Die Marinade durch ein Sieb gießen und das abgetropfte Gemüse kurz mitbraten. Das Bratfett abgießen, alles mit der Marinade ablöschen und den Geflügelfond aufgießen.
Den Knoblauch und die Tomatenstücke zugeben, aufkochen und 20-30 Minuten schmoren lassen.
Die Geflügelteile herausnehmen, warm stellen und die Soße kräftig einkochen lassen.
Die Soße in einem Mixer pürieren oder durch ein Sieb gießen; Gemüsereste gut durchdrücken. Die Soße erneut erhitzen, aber nicht kochen!
Nach und nach mit Schweineblut und Butterflöckchen binden, abschmecken.
Für die Garnitur die Steinpilze ausdrücken, nach Belieben hacken. Pilze, Speck und Perlzwiebeln in heißer Butter dünsten, leicht salzen.
Die Weißbrotscheiben herzförmig ausstechen, in der geklärten Butter bräunen, mit Petersilie bestreuen.
Die Geflügelteile mit der heißen Soße anrichten und die Garnitur daneben plazieren.

Geflügelteile, Gemüse und Gewürzzutaten mit dem Rotwein mischen, 24 Stunden marinieren.

Trockengetupfte, gewürzte Geflügelteile in heißem Öl von allen Seiten anbraten.

Das Gemüse aus der Marinade kurz mitbraten. Alles mit der Marinade ablöschen.

Den Geflügelfond aufgießen, Knoblauch und Tomatenstücke zufügen. Etwa 20-30 Minuten schmoren lassen.

GEFLÜGEL

Bocuse empfiehlt dazu einen deutlich herben Weißwein, z. B. aus der Rheinpfalz: 1986er Forster Freundstück, Bacchus Kabinett trocken. Ein Qualitätswein mit Prädikat.

PUTENBRUSTFILET IM KRÄUTERMANTEL

400 g Putenbrustfilet
Salz
frisch gemahlener Pfeffer
1 EL Butterschmalz
130 g Putenfleischabschnitte
100 g Champignons, geputzt

100 g frischer Spinat, entstielt, gewaschen
30 g krause Petersilie, entstielt, gehackt
100 g Crème double
1 Ei
1 Schweinenetz, gewässert, gesäubert

Vier gleich große Stücke aus dem Putenbrustfilet schneiden, mit Salz und Pfeffer würzen. Das Butterschmalz erhitzen, die Putenbrustfilets hineinlegen und von jeder Seite goldbraun anbraten. Herausnehmen, beiseite stellen, abkühlen lassen.
Die Putenfleischabschnitte ebenfalls würzen und kühl stellen.
Die Champignons in Scheiben schneiden, in die Pfanne geben und andünsten.
Den Spinat und die Petersilie zufügen, leicht salzen, pfeffern und alles zugedeckt 5-6 Minuten dünsten. Abkühlen lassen.
Die gekühlten Putenfleischabschnitte mit einem Eßlöffel Crème double in einem elektrischen Zerkleinerer oder Mixer nicht zu fein pürieren.
Das gedünstete, abgekühlte Gemüse nach Belieben mitpürieren oder zum Schluß unterheben.
Alles in eine Schüssel geben, nach und nach das Ei und die übrige Crème double untermischen; abschmecken.
Das Schweinenetz ausbreiten und in vier gleich große Stücke schneiden; jeweils etwas Farce daraufstreichen, je ein Putenbrustfilet daraufgeben und mit der Farce abdecken.
So viel vom Rand des Schweinenetzes abschneiden, daß man die Filets darin einwickeln und die Ränder noch nach unten umschlagen kann.
Die eingewickelten Putenbrustfilets in einen Bräter setzen und im vorgeheizten Backofen bei 180 bis 200 Grad 20 Minuten garen.
Herausnehmen, in Scheiben schneiden und anrichten. Nach Belieben etwas von der Schmorflüssigkeit, die sich gebildet hat, darübergeben.

Das Schweinenetz ausbreiten und etwas von der Farce darauf verstreichen.

Das abgekühlte Putenbrustfilet darauflegen und mit der Farce abdecken.

Nur so viel vom Schweinenetz abschneiden, daß das Fleisch noch darin eingehüllt werden kann.

Das mit der Farce umhüllte Putenbrustfilet in das Schweinenetz einwickeln und die seitlich überhängenden Ränder nach unten hin umschlagen. In einen Bräter legen.

SCHWEIN

Vor der Götterdämmerung hatten die Germanen eine ziemlich genaue Vorstellung darüber, was himmlische Freuden ausmachte: Wotan saß in Walhall, labte sich am Met und an einem nie endenden Schweinebraten.

Homer sah die Sache zwar irdischer, was aber die Ausnahmestellung des Schweins eher noch hervorhob: Sein Supermann Odysseus, dessen Gefährten die böse Circe noch in Schweine verwandelt hatte, trifft bei seiner Heimkehr als erstes auf einen Schweinehirten, der ihm zu Ehren sogleich zwei Ferkel brät.

Der heilige Antonius von Padua schließlich gab dem Borstenvieh noch den kirchlichen Segen: Er wählte es zum Wappentier.

So kommt man im Schweinsgalopp zu dem skurrilen Paradox, daß dieses Tier, dessen Name zu einem ewigen Schimpfwort wurde und das von Juden und Muslims gemieden wird, offenbar zu den größten Köstlichkeiten zählt.

Heißgeliebtes Schwein! Die Europäer mochten es in der Tat dermaßen, daß sie von der Steckdosen-Schnauze bis zum Ringelschwanz dafür Verwendung fanden — ein echtes Sparschwein.

Die Friesen essen seit jeher "Snuten un Poten", die Franzosen setzten noch eins drauf und trüffelten die Schweinsfüße. Die Pfälzer okkupierten den Saumagen, die Berliner das Eisbein, und die Letten vergruben im Frühjahr das Schwänzchen auf dem Felde, damit die Ähren recht lang würden. Nur die Schweineohren, zu nichts zu gebrauchen, überließ man den Bäckern.

Damit dieses Fleisch-Puzzle überhaupt in Gang kam, mußte freilich das geliebte Schwein erst mal ans Messer geliefert werden. Ein Ereignis, das im Herbst auf dem Lande als Schlachtfest immer noch ein sattes Vergnügen verspricht. Da dampft das Kesselfleisch und die Metzelsuppe in mächtigen Töpfen, zusammen mit Schickelchen (Nieren) und Bäckchen. Da duftet es nach Grieben, Speck und Schmalz, daß ein Vegetarier um seinen Verstand fürchten muß. Es ist die Stunde der Schweinskopfsülze, deren Zubereitung Günter Grass in einem langen Gedicht ebenso lyrisch wie handfest besungen hat. Es ist die Stunde der prallen Blut- und Leberwürste — deftige Basis so vieler deutscher Provinz-Gerichte.

Ohne das Schwein existierte auch nicht jener typisch deutsche Würste-Kosmos, dessen unzählige regionale Zipfel begehrte Spezialitäten wurden — bis hin zu solchen Welthits wie den Rostbratwürsteln, die Dichter Jean Paul treffend als "Vergißmeinnicht Nürnbergs" bezeichnete.

Aber immer noch nicht genug Schwein gehabt. Jetzt kommen erst die Gustostücke: Kotelett und Filet, Schnitzel und Braten und vor allem das voluminöse Hinterteil. Der Schinken war's, dem das deutsche Schwein seine weltweite kulinarische Prominenz verdankt. Da konnten ausnahmsweise sogar die Franzosen noch was lernen. Liselotte von der Pfalz schrieb vom Hofe Ludwigs XIV. stolz nach Hause: „Ich habe hier den rohen Schinken in Mode gebracht."

Roh, gekocht, gepökelt, geräuchert oder beides, als rauchiger Schwarzwälder, milder Westfälischer, saftiger Prager oder kerniger Holsteiner — der Kenner schnalzt mit der Zunge und schwelgt.

Zwei Männer haben sich um die Karriere des Schweins verdient gemacht. Willem Beukelsz aus Flandern erfand 1346 das Pökeln mit Salpeter und Salz. Und der Berliner Metzger Cassel kreierte in den Gründerjahren den "Casseler Rippenspeer".

Danach konnte das Schwein nur noch zum Operettenstar avancieren. Der "Zigeunerbaron" schmettert denn auch sein Credo: „Mein idealer Lebenszweck ist Borstenvieh und Schweinespeck." Das animierte Publikum ging vermutlich anschließend essen.

Daß aber das Schwein und die Wurst allein schon durch ihre Namen zum Erfolg verdammt waren — das herausgefunden zu haben ist das Verdienst des schwäbischen Poeten Ludwig Uhland: „Es reimt sich trefflich Wein und Schwein / Und paßt sich köstlich Durst und Wurst."

> ❝ Das Schwein ist ein Allesfresser, und sein Fleisch nimmt leicht den Geschmack des Futters an. Deshalb ist es für den Geschmack sehr wichtig, womit das Tier ernährt wurde. Am besten mit Kartoffeln und viel grünem Gemüse. Und so wie das Schwein alles frißt, ist es für den Menschen auch komplett verzehrbar — von Kopf bis Fuß ist das Schwein rundum ein Genuß. ❞

SCHWEIN

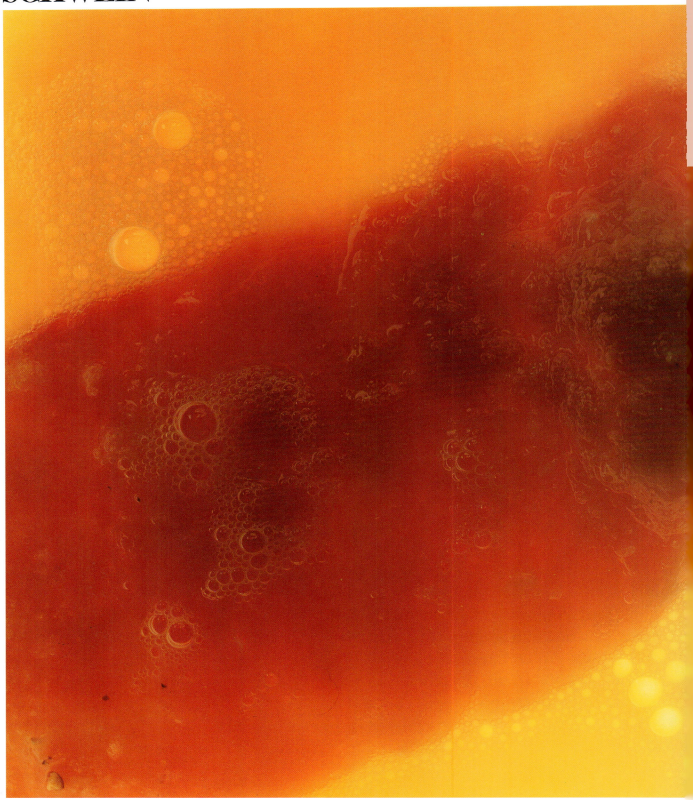

Hauchdünn plattiert und aufgegabelt: Schweinefilet auf dem Weg zum Leckerbissen. Die Hülle aus Mehl, Ei und Weißbrotkrumen garantiert einen doppelten Genuß: Sie verhindert das Austrocknen des zarten Fleischs, und sie hebt sein delikates Aroma hervor.

SCHWEIN

Genuß im Quadrat: Nichts Animierenderes ist für einen gestandenen Esser vorstellbar als die krosse, glänzende, saftige Bratenkruste einer Schweinshaxe. Honig, Schmalz und Schwarte machen das appetitliche Wunderwerk möglich. Und die Nelken geben ihr Bouquet dazu...

SCHWEIN

Was gleich nach dem Ferkel kommt: Noch nicht voll im Speck, aber schon gut im Futter, gilt das Jungschwein unter Schweinefleisch-Kennern als Delikatesse. Der Rippenbraten mit Spitzkohl ist denn auch alle Herrlichkeit deutscher Provinzküche — veredelt von Maître Bocuse...

SCHWEIN

Bocuse empfiehlt dazu einen Weißwein, z.B. aus Rheinhessen: 1985er Monsheimer Domblick, Weißburgunder Spätlese trocken. Ein Qualitätswein mit Prädikat.

PICCATA VOM SCHWEINEFILET

500 g Schweinefilet
Meersalz
frisch gemahlener Pfeffer
100 g entrindetes
Weißbrot, durch ein
Sieb gestrichen
6 Eier
1 TL Öl
2 EL Mehl
120 g Butter zum Braten
6 EL brauner Kalbsfond

Steinpilzrisotto:
etwas Olivenöl
120 g Butter
1 kleine Schalotte,
geschält, gehackt

20 g getrocknete
Steinpilze, eingeweicht
180 g Risotto-Reis
4 EL Weißwein
½–¾ l Brühe
70 g Parmesankäse,
gerieben
Meersalz

92

För den Steinpilzrisotto das Öl erhitzen, etwa ein Eßlöffel Butter zugeben und die Schalotte darin goldgelb andünsten.
Die eingeweichten Steinpilze gut ausdrücken, hacken und kurz mitdünsten.
Den Reis einstreuen, kurz anschwitzen und mit dem Weißwein ablöschen.
Etwas Brühe angießen und den Reis im offenen Topf unter gelegentlichem Umrühren ausquellen lassen. Nach und nach die übrige Brühe zugeben; der Risotto soll dickflüssig sein.
Das Schweinefilet in ca. 2 cm dicke Scheiben schneiden, zwischen zwei Blatt Klarsichtfolie legen und leicht flachklopfen. Mit Salz und Pfeffer würzen.
Die Weißbrotbrösel mit den Eiern und dem Öl zu einer dickflüssigen Masse verrühren, salzen, pfeffern. Die Fleischscheiben in Mehl wenden und durch die Eiermasse ziehen.
Abtropfen lassen und in heißer Butter von jeder Seite goldbraun braten. Auf einer vorgewärmten Platte warm stellen.
Das Bratfett abgießen und den Kalbsfond in der Pfanne erhitzen.
Den fertigen Risotto mit der übrigen Butter und dem Parmesankäse mischen. Nachwürzen, nach Belieben mit einem Spritzer Weißwein abschmecken.
Den Steinpilzrisotto mit je zwei Stück Piccata anrichten und mit dem erwärmten Kalbsfond beträufeln.

Die Filetscheiben zwischen zwei Blatt Klarsichtfolie legen, leicht flachklopfen.

Mit Salz und Pfeffer würzen und in Mehl wenden. Überschüssiges Mehl abklopfen.

Die Fleischscheiben durch die vorbereitete Eiermasse ziehen und abtropfen lassen.

In heißer Butter von jeder Seite goldbraun braten. Herausnehmen und auf einer vorgewärmten Platte warm stellen.

SCHWEIN

Bocuse empfiehlt dazu ein Glas kühles Bier oder einen etwas gehaltvolleren, aber trotzdem milden Weißwein, z. B. aus Baden: 1986er Ihringer Vulkanfelsen, Grauer Burgunder trokken.
Ein Qualitätswein b. A.

SCHWEINEFILET IN BIERSOSSE

500 g Schweinefilet
Meersalz
frisch gemahlener
Pfeffer
1 EL Butterschmalz
1 EL Butter

Biersoße:
30 g Butter
4 Knoblauchzehen, geschält
1 EL Kümmel
0,1 l dunkles Starkbier
5 EL brauner Kalbsfond
Meersalz
frisch gemahlener
Pfeffer

Aus dem Schweinefilet acht gleich große Scheiben schneiden, etwas flachdrükken und mit wenig Salz und Pfeffer würzen.
Das Butterschmalz in einer Pfanne erhitzen und die Filetscheiben darin auf jeder Seite ca. 3 Minuten goldbraun braten. Dabei etwas Butter auf die Filetscheiben geben.
Aus der Pfanne nehmen und auf einer vorgewärmten Platte warm stellen.
Das Bratfett abgießen, etwas Butter in die Pfanne geben und die leicht angedrückten Knoblauchzehen sowie den Kümmel darin andünsten.
Alles mit dem Bier ablöschen, etwas einkochen lassen, den Kalbsfond dazugeben und die Soße 7-8 Minuten köcheln lassen. Durch ein Sieb gießen.
Zum Binden der Soße die übrige Butter flöckchenweise unterschlagen; abschmecken.
Die Schweinefiletscheiben anrichten und mit der Biersoße überziehen. Dazu schmecken Semmelknödel.

Die gebratenen Filetscheiben aus der Pfanne nehmen und das Bratfett abgießen.

Etwas Butter zum Bratensatz geben, Knoblauch und Kümmel darin andünsten.

Mit dem Bier ablöschen, den Kalbsfond zufügen und 7-8 Minuten köcheln lassen.

Die Soße durch ein feines Sieb in einen Topf gießen, damit Knoblauch und Kümmel zurückbleiben.

SCHWEIN

Bocuse empfiehlt dazu einen kräftigen, gerbstoffbetonten Rotwein, z. B. aus Württemberg: 1986er Stuttgarter Weinsteige, Spätburgunder Spätlese halbtrocken. Ein Qualitätswein mit Prädikat.

GLACIERTER BEINSCHINKEN

Ca. 1,2 kg Beinschinken mit Schwarte, leicht geräuchert und gepökelt
2 EL Honig
ca. 40 Gewürznelken
1 EL Puderzucker

Soße:
0,2 l Madeira
1 kleine Schalotte, geschält, gehackt
3 EL Weißwein
3 EL Rotwein
0,4 l brauner Kalbsfond
50 g Butter
Salz, Pfeffer

Maisküchlein:
75 g Butter
250 g frische Maiskörner (6-8 Maiskolben)
20 g Mehl
0,2 l Crème double
2 Eier
Salz
Muskat

Den Beinschinken in einen großen Topf geben, kaltes Wasser aufgießen, bis er bedeckt ist, und zum Kochen bringen.
Etwa eine Stunde unterhalb des Siedepunktes ziehen lassen.
Den Schinken herausnehmen, abtropfen lassen und die Schwarte abschneiden.
Das Fett rautenförmig einschneiden und die Oberfläche mit Honig bestreichen.
Die Fettrauten mit den Gewürznelken spicken und den Braten auf ein Backblech setzen.
Im vorgeheizten Backofen bei 200 Grad ca. 30 Minuten braten. Nach der Hälfte der Bratzeit den Puderzucker darüberstäuben. Durch Honig und Puderzucker wird der Beinschinken glaciert, das heißt er erhält gleichzeitig Farbe, Glanz und einen besonderen Geschmack.
Den Schinken mit Aluminiumfolie abdecken, falls er zu stark bräunt.
Für die Soße den Madeira und die Schalotte in einen Topf geben, aufkochen lassen, Weißwein und Rotwein zugeben und alles zur Hälfte einkochen lassen.
Den Fond zugießen und die Soße nochmals zur Hälfte reduzieren. Beiseite stellen.
Für die Maisküchlein die Hälfte der Butter erhitzen und die Maiskörner darin andünsten.
Die halbe Menge davon in einem Mixer pürieren.
Mehl und Crème double vermischen, Eier, Maispüree und -körner unterrühren.
Mit Salz und Muskat abschmecken.
Die übrige Butter erhitzen, nach und nach darin kleine, goldbraune Maisküchlein backen.
Auf Küchenpapier legen, damit überschüssiges Fett aufgesaugt wird. Warm stellen.
Die Soße erhitzen, zum Binden die Butter flöckchenweise unterschlagen; abschmecken.
Vor dem Servieren die Gewürznelken vom Schinken entfernen, den Schinken in Scheiben schneiden und mit den Maisküchlein und der Soße anrichten.

Von dem gekochten, abgetropften Schinken die Schwarte sorgfältig abschneiden.

Das Fett diagonal rautenförmig einschneiden, mit Honig bestreichen.

Die Fettrauten mit den Gewürznelken spicken, den Braten auf ein Backblech setzen.

Insgesamt ca. 30 Minuten bei 200 Grad braten; nach der Hälfte der Bratzeit herausnehmen und den Puderzucker darüberstäuben.

SCHWEIN

Bocuse empfiehlt dazu ein Glas kühles Bier oder einen milden Weißwein, z. B. aus Rheinhessen: 1985er St. Johanner Abtey, Müller-Thurgau halbtrocken. Ein Qualitätswein b. A.

JUNGSCHWEINSRIPPE MIT SPITZKOHL

1 Jungschweinskarree
(ca. 1 kg mit Schwarte)
Meersalz
frisch gemahlener Pfeffer
1 kleines Stück Lauch

1 große Möhre
1 Zwiebel
1 EL Schweineschmalz
8 EL Weißwein
0,2 l brauner Kalbsfond
oder Fleischbrühe

Gemüse:
1 kleiner Kopf Spitzkohl
Meersalz
frisch gemahlener Pfeffer

Basilikumpaste:
100 g grüner Speck,
durch einen Fleischwolf
gedreht
25 Basilikumblätter
1 Knoblauchzehe,
geschält
5 g Kerbel, verlesen
2 g getrockneter Thymian
Meersalz

Mit einem Messer die Schwarte des Karrees einritzen, die oberen Knochenspitzen abschaben und das Fleisch würzen.
Lauch, Möhre und Zwiebel putzen, grob würfeln und in einem Bräter mit heißem Schweineschmalz anrösten.
Das Karree mit der Schwarte nach unten in den Bräter legen, kurz anbraten und wenden.
Dann im vorgeheizten Backofen ca. 30-40 Minuten bei 220 Grad braten.
In der Zwischenzeit alle Zutaten für die Basilikumpaste in einem Mörser oder in einem elektrischen Zerkleinerer zu einer cremigen Paste verarbeiten.
Von dem Spitzkohl äußere, schadhafte Blätter entfernen; die übrigen Spitzkohlblätter in ca. 3 x 3 cm große Stücke schneiden und in kochendem Salzwasser 7-8 Minuten blanchieren.
Dann auf einem Sieb abtropfen lassen, zurück in den Topf geben und mit der Basilikumpaste mischen.
Mit Pfeffer abschmecken und warm stellen.
Den Braten mit Weißwein ablöschen, das Fleisch aus dem Bräter nehmen und ruhenlassen.
Den Fond in den Bräter geben, etwas einkochen lassen und die Soße durch ein Sieb gießen.
Mit Salz und Pfeffer abschmecken.
Vor dem Servieren den Braten in Scheiben schneiden, die Rippen dabei nicht entfernen.
Zusammen mit dem Spitzkohl anrichten; etwas Soße darübergeben.

Lauch-, Möhren- und Zwiebelstücke in heißem Schweineschmalz anrösten.

Das Karree mit der Hautseite nach unten in den Bräter legen, anrösten und wenden.

Im Backofen bei 220 Grad 30 bis 40 Minuten braten, mit Weißwein ablöschen.

Den Braten aus dem Bräter nehmen, etwa 5 bis 10 Minuten ruhenlassen, damit sich der Fleischsaft im Inneren gleichmäßig verteilen kann. Vor dem Servieren in Scheiben schneiden.

SCHWEIN

Bocuse empfiehlt dazu ein Glas kühles Bier oder einen milden Weißwein, z. B. aus Rheinhessen: 1987er Binger St. Rochuskapelle, Müller-Thurgau Kabinett trocken. Ein Qualitätswein mit Prädikat.

SZEGEDINER SCHWEINEGULASCH

700 g Schweinefleisch von der Schulter
Meersalz
frisch gemahlener Pfeffer
300 g weiße Zwiebeln
1 rote Paprikaschote
5 EL Schweineschmalz
3 EL Edelsüß-Paprika
1 EL Tomatenmark
½ l Rinderbrühe
etwas Kümmel
700 g gekochtes Sauerkraut
150 g Crème fraîche

Das Fleisch mit Küchenpapier trockentupfen, in Würfel schneiden, salzen und pfeffern.
Die Zwiebeln schälen und hacken.
Die Paprikaschote halbieren und entkernen.
Die Paprikahaut dünn mit einem Sparschäler abschälen. Oder die halbierte Schote mit der Hautseite nach oben auf ein Backblech legen und im vorgeheizten Backofen bei 250 Grad ca. 8-10 Minuten lang anrösten, etwas abkühlen lassen und die Haut vorsichtig abziehen. Die Paprikaschote würfeln.
Das Schweineschmalz in einem Topf erhitzen, die Zwiebeln darin anbraten, leicht salzen.
Das Paprikapulver, die Hälfte der Paprikawürfel sowie das Tomatenmark zugeben und unter ständigem Rühren anschwitzen.
Das Fleisch zufügen, ebenfalls gut anschwitzen lassen und die Brühe aufgießen.
Zugedeckt etwa eine Stunde schmoren lassen.
Dann den Kümmel und das Sauerkraut dazugeben; ca. 5 Minuten weitergaren.
Zuletzt die Crème fraîche und die zurückbehaltenen Paprikawürfel untermischen, kurz durchkochen.
Das Gulasch abschmecken und nach Belieben mit einem Klecks Crème fraîche servieren. Dazu schmecken Salzkartoffeln.

Zwiebeln, Paprika und Tomatenmark gut anschwitzen; gewürztes Fleisch dazugeben.

Das Fleisch ebenfalls gut anschwitzen lassen und die Rinderbrühe aufgießen.

Zugedeckt eine Stunde schmoren; den Kümmel und das Sauerkraut dazugeben.

Zum Schluß die Crème fraîche sowie die übrigen Paprikawürfel untermischen, kurz durchkochen und das Gulasch abschmecken.

SCHWEIN

Bocuse empfiehlt dazu einen Weißwein, z. B. aus dem Rheingau: 1984er Hattenheimer Schützenhaus, Riesling Kabinett halbtrocken. Ein Qualitätswein mit Prädikat.

GEFÜLLTER SCHWEINEFUSS

1 gefüllter Schweinefuß, unter der Bezeichnung "Zampone" in italienischen Spezialitätengeschäften erhältlich
4-5 EL Olivenöl

<u>Marinierte Bohnen:</u>
450 g dicke weiße Bohnen, eingeweicht
75 g Gemüsewürfel: Möhren, Sellerie, Lauch
1 kleine Schalotte, geschält, gehackt
3 EL Rotwein-Essig
Meersalz

frisch gemahlener Pfeffer
etwas glatte Petersilie, gehackt
6 EL Olivenöl

Zuerst die eingeweichten Bohnen in leicht gesalzenem, kochendem Wasser etwa eine Stunde garen.
Die Gemüsewürfel etwa 8-10 Minuten mitgaren.
In ein Sieb schütten, abtropfen lassen und in eine Schüssel geben.
Die gehackte Schalotte mit Essig, Salz, Pfeffer, Petersilie und Olivenöl verrühren. Über die Bohnen gießen und alles 2-3 Stunden durchziehen lassen.
Den vakuumverpackten Schweinefuß in kochendes Wasser legen, ca. 20 Minuten köcheln lassen.
Herausnehmen, etwas abkühlen lassen und den Vakuumbeutel aufschneiden.
Den Saft, der sich im Beutel gesammelt hat, zu den marinierten Bohnen gießen.
Dann den Schweinefuß aus dem Beutel nehmen und in Scheiben schneiden.
Die Bohnen umrühren, auf vier Teller verteilen und die Schweinefußscheiben darauf anrichten.
Nach Belieben mit Olivenöl beträufeln und mit glatter Petersilie garnieren.

Den Schweinefuß im Vakuumbeutel in kochendem Wasser ca. 20 Minuten erhitzen.

Die gekochten Bohnen mit der Marinade mischen und 2-3 Stunden durchziehen lassen.

Den Vakuumbeutel vom abgekühlten Schweinefuß aufschneiden; Saft zu den Bohnen gießen.

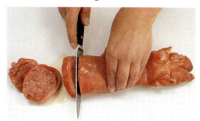

Den Schweinefuß aus dem Beutel nehmen und in Scheiben schneiden.

KALB/RI

Glaubt man dem englischen Romancier Henry Fielding, dann ist das Britische Empire eine direkte Folge stetigen Rindfleisch-Genusses: „Das Roastbeef hat uns groß gemacht / Hat unsere Herzen kühn entfacht / Gab uns den Sieg in mancher Schlacht / Dank sei dem Rinderbraten / Für alle großen Taten!"

Sein Landsmann Heinrich VIII., Blaubart und Gourmet, hatte das Rindfleischessen sogar gesetzlich verankert. Die Tafelordnung des Königshofs bestimmte unter Paragraph 16: „Die Ehrendamen der Königin erhalten zum Mittagessen einen Laib Weißbrot und einen Ochsenrücken."

Von dieser beinahe barbarisch anmutenden Verordnung war es ein weiter Weg bis zu jenen schier dekadenten Verfeinerungen, wie sie die Wiener Hochküche hervorgebracht hat. Das berühmteste derartige Restaurant war Meissl & Schadn, wo nur Banausen einfach "gekochtes Rindfleisch" bestellten. Tatsächlich gab es ständig 24 (!) verschiedene Sorten — mit dem Tafelspitz als Krönung.

Zwischen beiden Extremen köchelte die deutsche Regional-Rindfleischküche vielfältig vor sich hin: Pfefferpotthast aus Westfalen, "Böfflamott" (Bœuf à la mode) aus Bayern, rheinischer Sauerbraten, schwäbischer Zwiebelrostbraten, badische Ochsenschwanzsuppe, Labskaus aus dem hohen Norden, Töttchen aus dem Sauerland, Rouladen und Schmorbraten aus allen Himmelsrichtungen.

Die feinsten Teile hießen nach jenen, die sich den Braten leisten konnten: Bürgermeister- und Pastorenstück. Die Schwaben erfanden zum Rindfleisch eine kulinarische Quadratur des Kreises: den Gaisburger Marsch, bei dem Kartoffeln und Spätzle gleichberechtigt sind.

Aber reden wir endlich vom Fleisch des jungen Rindes, dessen Lobgesang ebenfalls durch die Literatur hallt. Molière läßt seinen "Bürger als Edelmann" ordern: „Eine Kalbslende, so lang, so hell und delikat, die auf der Zunge wie ein Mandeltörtchen zergeht."

Heinrich Heine, auf "Harzreise", begeisterte sich an „einem Kalbsbraten, so groß wie der Chimborazo".

Von 1581 datiert das erste Rezept für gekochten Kalbskopf aus der Feder des kurmainzischen Mundkochs Rumpolt. Die Schwaben hingegen erdachten die Kalbskopfsülze und kümmerten sich dann intensiv um die Zubereitung der Innereien: saure Nierle und Kutteln, geschnetzelte Kalbsleber, geräucherte Zunge, Bries in allen möglichen Varianten. Auch der Kalbsnierenbraten ist eine Spezialität aus dem Musterländle.

Die Bayern, früher auch große Innereien-Spezis, delektierten sich außerdem an Kalbshax'n (wenn das Portemonnaie es zuließ), und es gelang ihnen ein ganz großer Wurf in Sachen Kalbfleisch: Ein Münchner Metzger kreierte, fast per Zufall, die Weißwurst. Die eingeschworene Gemeinde dieser Bleichlinge besteht übrigens auf einer gastronomisch abwegigen Eßzeit: Die Weißwurst darf angeblich das Zwölf-Uhr-Läuten nicht mehr hören.

Der Welthit glückte indes jenem unbekannten Küchengenie aus der k. u. k. Monarchie, der das Wiener Schnitzel erfand. Was die Deutschen dagegensetzten, hat heute nur noch nostalgischen Glanz: das "Schnitzel Holstein", benannt nach der sogenannten Grauen Eminenz in Bismarcks Kabinett. Die Kreation zeugt freilich von einem wenig diplomatischen Umgang mit dem Kalbfleisch: Das unpanierte Schnitzel wird mit Sardellen und einem Spiegelei zugedeckt.

Die Liebe unseres Kontinents zu Kalb- und Rindfleisch hat — wie Kenner der Mythologie behaupten — einen einfachen Grund: Als Zeus die Europa entführte, kam er in Gestalt eines Stiers.

66 Rindfleisch muß, egal woher es kommt, eine schöne rote Farbe haben. Es muß mit Fett marmoriert sein und gut gereift, d.h. lange genug abgehangen sein. Die sogenannten weißen Rinder mag ich überhaupt nicht.
Das beste Kalbfleisch liefern die Milchkälber, aber man muß darauf achten, daß sie nicht zu jung sind. Acht bis zehn Monate sollten sie schon alt sein. Diese Tiere haben ein besonders zartes, aber dennoch festes Fleisch. Für mich sind beim Kalb eigentlich der Kopf und die Innereien das Beste. Für einen Kalbskopf mit Vinaigrette lasse ich jedes Filet stehen. Und Kalbshaxe darf genausowenig wie der Ochsenschwanz nie in meinem Lieblingsgericht, dem Pot au Feu, fehlen. 99

KALB/RIND

Ob Schwabenstreich oder Stolz Italiens: Der kulinarische Krieg darüber, wer die Maultaschen oder Ravioli erfunden hat, wird immer noch am Herd ausgefochten. Mit feinen Füllungen. Wie beispielsweise Kalbsbries und Kräutern.

KALB/RIND

Scharfe Liaison auf klassische Art: Mit Senf, grünem Pfeffer und Zwiebeln für die Kruste gerät der "Rostbraten Strindberg" zu einer französischen Huldigung ans gewohnte Rumpsteak.

KALB/RIND

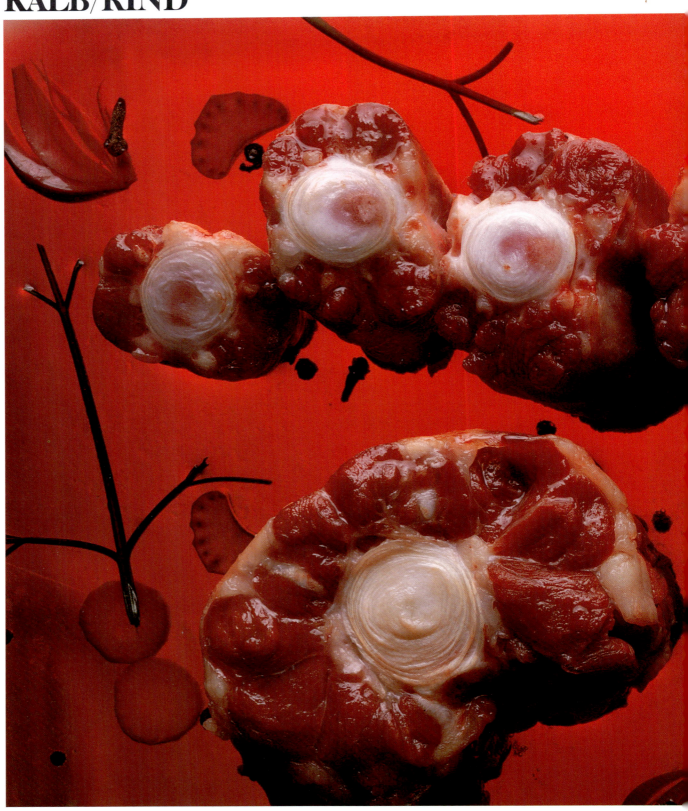

110

Vielen Zeitgenossen ist dieses Fleischteil vom Rind nur deshalb ein Begriff, weil es eine Suppe zum Welthit gemacht hat: der Ochsenschwanz. Doch in Rotwein mariniert und geschmort — da bleibt jede Suppe stehn!

KALB/RIND

Bocuse empfiehlt dazu einen Kabinettwein mit zarter Säure, z. B. aus der Rheinpfalz: 1985er Wachenheimer Gerümpel, Weißburgunder Kabinett trocken. Ein Qualitätswein mit Prädikat.

KALBSBRIES-RAVIOLI

Ravioliteig:
130 g Mehl
1 Ei
1 TL Öl
1 EL Vollmilch
1 Ei zum Bestreichen
etwas Mehl
zum Ausrollen

Füllung:
120 g Kalbsbries,
enthäutet, gewässert
Meersalz
frisch gemahlener Pfeffer

Petersiliensoße:
90 g Petersilie, gezupft
0,3 l heller Kalbsfond
2 EL Weißwein
Muskat

frisch gemahlener Pfeffer
Meersalz
0,2 l süße Sahne

Garniervorschlag:
50 g Möhren, geschält,
in feine Streifen
geschnitten und kurz
blanchiert

Alle Zutaten für den Teig miteinander verkneten, zu einer Kugel formen und in Klarsichtfolie einschlagen. Eine Stunde ruhenlassen.
Das Kalbsbries in kleine Stücke schneiden, mit Salz und Pfeffer würzen, beiseite stellen.
Den Nudelteig zum Entspannen mehrmals durch die glatte Walze einer Nudelmaschine geben. Oder auf einer bemehlten Arbeitsfläche sehr dünn ausrollen. Die Ränder des ausgerollten Teiges geradeschneiden, aus dem Teig 6-7 cm breite Bahnen schneiden und dünn mit verquirltem Ei bestreichen.
Auf einer Hälfte der Teigbahnen in gleichmäßigem Abstand kleine Kalbsbrieshäufchen verteilen.
Jeweils eine unbelegte Teigbahn darüberlegen, auf einer Seite andrücken und rund um die Füllung zur offenen Seite hin nach und nach andrücken, damit die Luft entweichen kann.
Nun mit einem Teigrädchen etwa 5 x 5 cm große Ravioli ausradeln, mit Mehl bestäuben, auf ein sauberes Tuch legen und abdecken.
Für die Soße die Petersilie eine Minute in kochendem Salzwasser blanchieren, abtropfen und in eiskaltem Wasser abkühlen lassen.
Den Fond mit dem Weißwein aufkochen, mit Muskat, Pfeffer sowie wenig Salz würzen und auf ein Drittel der Menge einkochen lassen.
Die Sahne aufgießen, die gut ausgedrückte Petersilie zufügen und die Soße cremig einkochen lassen.
Die Soße mit einem Pürier- oder Mixstab pürieren und abschmecken.
Die Ravioli in kochendem Salzwasser 2-3 Minuten gar ziehen lassen.
Abgetropft auf der Petersiliensoße anrichten und mit den Möhrenstreifen garnieren.

Die ausgeschnittenen Teigbahnen dünn mit dem verquirlten Ei bestreichen.

Auf einer Hälfte der Teigbahnen in gleichmäßigem Abstand die Füllung verteilen.

Jeweils eine unbelegte Teigbahn vorsichtig darüberlegen; seitlich andrücken.

Nun mit einem Teigrädchen 5 x 5 cm große Ravioli ausradeln. Die fertigen Ravioli leicht mit Mehl bestäuben und bis zum Kochen auf ein sauberes Tuch legen.

KALB/RIND

Bocuse empfiehlt dazu einen leichten, milden Weißwein, z. B. aus Rheinhessen: 1987er Mainzer St. Alban, Müller-Thurgau Kabinett trocken. Ein Qualitätswein mit Prädikat.

KALBSKOPF UND ZÜNGERL

½ Kalbskopfmaske ohne Knochen, pariert (beim Metzger bestellen)
1 Lorbeerblatt
8 Pfefferkörner
1 kleine Zwiebel
1 Gewürznelke
etwas glatte Petersilie
Meersalz

Züngerl:
1 kleine Kalbszunge
1 Lorbeerblatt
1 Gewürznelke
1 kleine Zwiebel
5-8 Pfefferkörner
etwas glatte Petersilie
Meersalz

Grüne Soße:
80 g krause Petersilie
40 g glatte Petersilie
120 g Essiggurken
1 Sardellenfilet
1 Schalotte, geschält
8 Kapern
3 EL Rotwein-Essig
3 EL Olivenöl
frisch gemahlener Pfeffer
Meersalz

Reichlich Wasser zum Kochen bringen und die Kalbskopfmaske darin blanchieren. In kaltem Wasser abkühlen und in 3-4 cm große Stücke schneiden.
In einen großen Topf geben, mit kaltem Wasser bedecken und langsam zum Kochen bringen. Den aufsteigenden Schaum abschöpfen.
Die Gewürzzutaten zufügen und den Kalbskopf etwa 1 ½ Stunden köcheln lassen.
Die gesäuberte Kalbszunge ebenfalls in einen Topf geben und mit kaltem Wasser bedecken.
Das Lorbeerblatt mit der Gewürznelke auf der Zwiebel feststecken, mit den übrigen Gewürzzutaten zu der Zunge geben und aufkochen.
Abschäumen und ca. 40-50 Minuten garen.
Die Kalbszunge aus der Brühe nehmen, in eiskaltes Wasser legen und die Haut abziehen.
Die Brühe etwas nachsalzen, die Zunge zugeben und bis zum Servieren darin ziehen lassen.
Für die Grüne Soße die Petersilie entstielen, mit den Essiggurken, dem Sardellenfilet, der Schalotte und den Kapern in einem Mixer pürieren.
Essig und Öl unterrühren, die Soße mit Pfeffer und Salz abschmecken und auf vier Teller verteilen.
Die Kalbskopfstücke aus der Brühe heben und zum Abtropfen auf Küchenpapier legen.
Die Kalbszunge abtropfen lassen, in Scheiben schneiden und zusammen mit den Kalbskopfstücken auf der Soße anrichten.

Die Zunge mit kaltem Wasser bedecken, die Gewürzzutaten zugeben; aufkochen lassen.

Abschäumen und die Kalbszunge bei geringer Hitze 40-50 Minuten köcheln lassen.

Die Zunge herausnehmen, in eiskaltes Wasser legen und die Haut abziehen.

Die gehäutete Zunge bis kurz vor dem Servieren in die heiße Zungenbrühe legen. Abtropfen lassen und in Scheiben schneiden.

KALB/RIND

Bocuse empfiehlt dazu einen leichten Rosé- oder Rotwein, z. B. aus Württemberg: 1986er Affaltracher Dieblesberg, Trollinger trocken. Ein Qualitätswein b. A.

GEDÄMPFTES ROASTBEEF MIT GEMÜSE

4 Scheiben Roastbeef, je 180 g
frisch gemahlener Pfeffer
Meersalz
1 EL Butterschmalz
250 g Zwiebeln, geschält, grob gehackt
80 g Möhren, geputzt, grob gewürfelt
80 g Petersilienwurzeln, geputzt, in Scheiben geschnitten
½ TL Edelsüß-Paprika
1 Zweig Majoran, gezupft
1 Zweig Petersilie, entstielt
Schale einer halben unbehandelten Zitrone, abgerieben
0,4 l Kalbsbrühe
120 g Crème fraîche
50 g kalte Butter
1 EL Kapern, fein gehackt

Gemüsebeilage:
80 g Möhren, geputzt
80 g hellgrüner Lauch, geputzt
80 g Sellerie, geputzt
80 g Petersilienwurzeln, geputzt
Salz

Die Fleischscheiben zwischen zwei Blatt Klarsichtfolie legen und vorsichtig flachklopfen. Die Folie entfernen und die Roastbeefscheiben leicht pfeffern und salzen.
Das Butterschmalz in einem Bräter erhitzen und das Fleisch von jeder Seite darin anbraten.
Herausnehmen, auf einer Platte beiseite stellen.
Im Bratensatz die Zwiebeln anrösten, die Möhren und die Petersilienwurzeln kurz mitrösten.
Mit Paprika, Majoran, Petersilie und Zitronenschale würzen.
Die angebratenen Roastbeefscheiben auf das Gemüse legen, den Fleischsaft, der sich auf der Platte gesammelt hat, darübergießen und die Brühe auffüllen.
Zugedeckt im vorgeheizten Backofen bei 200 Grad etwa eine Stunde schmoren lassen.
Für die Beilage das Gemüse in ca. 5 cm lange, sehr dünne Stifte schneiden.
Nacheinander Möhren, Petersilienwurzeln und Sellerie in kochendes Salzwasser geben und ca. 5 Minuten, den Lauch 2 Minuten garen.
Den Bräter aus dem Ofen nehmen, das Fleisch aus der Gemüsesoße heben und auf einer vorgewärmten Platte warm stellen.
Die Gemüsesoße mit einem Pürierstab oder in einem Mixer pürieren und durch ein feines Sieb in einen Topf gießen.
Die Crème fraîche unterrühren und die Soße etwas einkochen lassen.
Flöckchenweise die Butter unterrühren und die Soße mit Salz, Pfeffer sowie nach Belieben mit etwas Zitronensaft abschmecken.
Das Gemüse für die Beilage abtropfen lassen. Die Hälfte davon zusammen mit den Kapern unter die Soße mischen.
Die Roastbeefscheiben mit der Gemüsesoße anrichten und das übrige Gemüse darüber verteilen. Als Sättigungsbeilage passen breite Bandnudeln oder Spätzle dazu.

Die Roastbeefscheiben von jeder Seite in heißem Butterschmalz anbraten.

Zwiebeln, Möhren und Petersilienwurzeln im Bratfett anrösten und alles würzen.

Die angebratenen Roastbeefscheiben darauflegen, den Roastbeefsaft darüberträufeln.

Die Brühe aufgießen und alles zugedeckt im vorgeheizten Backofen bei 200 Grad eine Stunde schmoren lassen.

KALB/RIND

Bocuse empfiehlt dazu einen leichten, dezenten Weißwein mit feiner Säure, z. B. aus Rheinhessen: 1986er Bechtheimer Pilgerpfad, Silvaner Kabinett trocken. Ein Qualitätswein mit Prädikat.

POCHIERTES RINDERFILET

12 Frühlingszwiebeln
12 Brokkoliröschen
5 mittelgroße Möhren
4 kleine Zucchini
2 mittelgroße Stangen Lauch
½ l Rinderbrühe
450 g Rinderfilet

Kräutermarinade:
3 EL Essig
3 EL Wasser
5 EL Olivenöl
Meersalz
frisch gemahlener Pfeffer
2 TL gehackte Kräuter: Estragon, Kerbel, Schnittlauch, Petersilie

Sämtliche Gemüsesorten putzen, dabei von den Frühlingszwiebeln das dunkle Grün entfernen.
Die Möhren und die Zucchini in 4-5 cm große Stücke schneiden und in Form schnitzen.
Den Lauch in ½ cm dicke Scheiben schneiden.
Die Brühe in einem Topf aufkochen lassen.
Frühlingszwiebeln, Zucchini, Möhren und Lauch in die Brühe geben und 7-8 Minuten garen.
Die Brokkoliröschen nach 2 Minuten hinzufügen.
Für die Kräutermarinade alle Zutaten miteinander vermischen, abschmecken und beiseite stellen.
Das Rinderfilet mit einem scharfen Messer oder mit der glatten Schneidscheibe einer Aufschnittmaschine in dünne Scheiben schneiden.
Das Gemüse aus der Brühe heben, abtropfen lassen und warm stellen.
Die Filetscheiben in die Brühe legen und kurz darin ziehen, nicht kochen (!) lassen.
Die rosa pochierten Filetscheiben mit dem lauwarmen Gemüse anrichten.
Etwas Brühe über das Gemüse geben, das Fleisch nach Belieben pfeffern, salzen und mit der gut durchgerührten Kräutermarinade beträufeln.

Das Gemüse in der Brühe 7-8 Minuten garen. Brokkoli nach 2 Minuten zugeben.

Das gegarte Gemüse abtropfen lassen und abgedeckt warm stellen.

Die Fleischscheiben in die heiße, nicht mehr kochende Brühe geben.

Nur kurz darin ziehen lassen. Sie sollen nur leicht pochiert und innen noch rosa sein.

KALB/RIND

Bocuse empfiehlt dazu einen etwas säurebetonten, kräftigen Roséwein, z. B. aus Baden: 1986er Durbacher Schloßberg, Spätburgunder Weißherbst trocken. Ein Qualitätswein b. A.

ROSTBRATEN STRINDBERG

500 g weiße Zwiebeln, geschält, fein geschnitten
4-5 EL Butterschmalz
Meersalz
frisch gemahlener Pfeffer
4 Rumpsteaks vom Rind, je 130 g, ohne Fett
4 Eigelb
2 EL Grüner-Pfeffer-Senf
2 EL Mehl

Butterschmalz zum Anbraten
⅛ l eingekochter brauner Kalbsfond

Die feingeschnittenen Zwiebeln in dem heißen Butterschmalz in einer Pfanne goldgelb andünsten, salzen und pfeffern.
Auf einem Sieb abtropfen lassen, anschließend auf Küchenpapier geben, damit das überschüssige Fett aufgesaugt wird.
Die Rumpsteaks zwischen zwei Blatt Klarsichtfolie legen und vorsichtig flachklopfen.
Das Fleisch von der einen Seite mit Pfeffer und Salz würzen.
Das Eigelb und den Senf verrühren, leicht salzen, pfeffern und die Fleischscheiben damit bestreichen.
Die Zwiebeln darüber verteilen, mit einem Messerrücken leicht andrücken und mit Mehl bestäuben.
Das Butterschmalz in einer Pfanne mäßig warm werden lassen, die Fleischscheiben mit der Zwiebelseite nach unten hineinlegen und ca. 2 Minuten anbraten.
Pfeffern, salzen, vorsichtig wenden und weitere 2 Minuten braten.
Herausnehmen und auf einer vorgewärmten Platte warm stellen.
Das Bratfett abgießen, den Bratensatz in der Pfanne mit dem Kalbsfond ablöschen und kurz durchkochen lassen.
Die Fleischscheiben mit der Zwiebelseite nach oben anrichten und mit der heißen Soße umgießen.
Dazu passen Röstkartoffeln.

Die Rumpsteaks salzen, pfeffern und dünn mit der Eigelb-Senf-Mischung bestreichen.

Die gedünsteten Zwiebeln daraufgeben und mit dem Messer fest andrücken.

Auf der Zwiebelseite gleichmäßig mit Mehl bestäuben.

Die Fleischscheiben mit der Zwiebelseite nach unten in die Pfanne mit mäßig heißem Butterschmalz legen und anbraten.

KALB/RIND

Bocuse empfiehlt dazu einen Rotwein, z. B. von der Ahr: 1985er Mayschosser Mönchberg, Spätburgunder trocken. Ein Qualitätswein b. A.

GEFÜLLTER OCHSENSCHWANZ

2 Ochsenschwänze, beim Einkauf in Stücke zerteilen lassen
1 EL Butterschmalz
20 g Steinpilze, geputzt
350 g Tomaten, gewürfelt
¾ l eingekochter Kalbsfond
Meersalz
100 g Butter

Marinade:
250 g rote Zwiebeln
150 g Möhren
140 g Staudensellerie
1 Knoblauchzehe
2 Gewürznelken
1 Lorbeerblatt
2 Zweige Thymian
einige Petersilienstiele
1 EL Pfefferkörner
1 ½ l Rotwein
3 EL Olivenöl

Füllung:
½ l Vollmilch, 60 g Butter
Meersalz, Muskat
90 g Grieß, 2 Eigelb
1 EL Parmesankäse, gerieben

Beilage:
verschiedene Gemüse, z. B. Blumenkohl, Frühlingszwiebeln, Möhren

Für die Marinade das Gemüse putzen, grob würfeln; mit den übrigen Zutaten mischen.
Die Ochsenschwanzstücke nebeneinander in eine Schüssel setzen und mit der Marinade begießen. Abgedeckt 12 Stunden durchziehen lassen.
Die Ochsenschwanzstücke aus der Marinade nehmen und mit Küchenpapier trockentupfen. Rundherum in heißem Butterschmalz anbraten.
Die Marinade durch ein Sieb gießen, das Gemüse zu den Ochsenschwanzstücken geben, kurz mitrösten.
Mit der Marinadenflüssigkeit ablöschen, die Steinpilze und die Tomatenwürfel zugeben, würzen und den Kalbsfond aufgießen.
Im vorgeheizten Backofen bei 200 Grad etwa 2 Stunden garen.
In der Zwischenzeit für die Füllung die Milch mit der Butter und den Gewürzen aufkochen.
Den Grieß einstreuen und unter ständigem Rühren ausquellen lassen.
Beiseite stellen, nacheinander das Eigelb und den Parmesankäse untermischen. In einen Spritzbeutel mit mittlerer Lochtülle füllen.
Die Ochsenschwanzstücke aus der Soße nehmen und etwas abkühlen lassen.
Die Soße auf einen halben Liter Flüssigkeitsmenge einkochen lassen.
Vorsichtig die Knochen aus den Ochsenschwanzstücken herauslösen, so daß die ursprüngliche Form der Stücke erhalten bleibt.
Die vorbereitete Grießfüllung anstelle der Knochen in die Fleischstücke spritzen.
Die Ochsenschwanzstücke auf eine feuerfeste Platte setzen, etwas Soße zugeben und im vorgeheizten Backofen bei 200 Grad ca. 10 Minuten überbacken.
Nebenbei für die Beilage das Gemüse dämpfen.
Die eingekochte Soße durch ein Sieb gießen, würzen, erneut erhitzen und die Butter flöckchenweise unterrühren.
Je zwei gefüllte Ochsenschwanzstücke mit etwas Soße und Gemüse anrichten, übriges Fleisch separat servieren.

Die Fleischstücke in Butterschmalz anbraten; das Marinadengemüse kurz mitbraten.

Mit Marinade ablöschen, Steinpilze, Tomatenwürfel und Kalbsfond zugeben. Bei 200 Grad…

…2 Stunden schmoren lassen. Ochsenschwanzstücke abkühlen lassen, Knochen herauslösen.

Anstelle des Knochens nun die vorbereitete Grießfüllung in die Ochsenschwanzstücke spritzen.

WILD/L

Was als Wild durch unsere Wälder springt, hat im deutschen Märchenland einen ebenso festen Platz wie auf dem Speisezettel des Feinschmeckers.

Das liegt offensichtlich daran, daß der Wald den Deutschen immer mehr war als eine Ansammlung von Bäumen — ein grünes Zauberreich, oft düster-bedrohlich, dann wieder lockend-licht, in jedem Fall aber bevölkert von Feen, Hexen und Riesen. Und von Tieren, die als Fabelwesen menschliche Eigenschaften besaßen. Wolf und Dachs kamen als Isegrim und Grimbart daher, Hase und Igel rannten um die Wette, Hirsch und Reh waren verwunschene Königskinder.

Und aus heidnischen Zeiten spukte lange der Aberglaube herum, der Mensch könne die Eigenschaften der Tiere essen. Wer im Hirsch den Herrn der Wälder sah, versuchte sich diesen Nimbus einzuverleiben. Wer hingegen befürchtete, dann gehörnt zu werden, delektierte sich wahrscheinlich lieber am sexfreudigen Wildkaninchen. Das ging bis zu solchen Skurrilitäten, wie sie im 17. Jahrhundert der Oxforder Gelehrte Robert Burton vertrat: „Der Hase hat dunkles, melancholisches Fleisch, das schwer zu verdauen ist." Siegfried war immerhin schon eine Stufe weiter, als er das Drachenblut nicht trank, sondern darin badete.

Wildgerichte galten immer als etwas Besonderes — Vorrecht einer Spezies Mensch, zu der die Köche seit je ein inniges Verhältnis hatten: den Jägern. Sie waren Heger, Schlächter und Fleischer in einer Person. Ehe sie die Restaurants belieferten, weideten sie das erlegte Wild fachgerecht aus — nicht ohne sich gelegentlich Lieblingsstücke wie die Leber für die eigene Pfanne zu reservieren.

Dieser beruflichen Symbiose haben die Köche auf ihren Speisekarten ein Denkmal von zweifelhaftem Wert gesetzt: das berüchtigte Jägerschnitzel. Vielleicht war es die Rache eines verärgerten Kochs, dem zähe Beute in die Küche geliefert wurde.

124

MM

Früher spielte das allerdings keine große Rolle, ließ man doch Wild grundsätzlich abhängen, damit es mürb wurde, den begehrten "haut gout" bekam. Wie widersinnig diese Maßnahme war, bewies die Zubereitung. Die Köche würzten die Soße so lange und so stark, bis sie den leichten Fäulnisgeschmack überdeckte.

Dem Wild ähnlich als Nomaden der Wiesen und Deiche sind die Schafe. Die Heidschnucke ist sogar ein Schaf, dessen Fleisch wie Wild schmeckt. Seinen Ruf als Braten besonderer Güte hat das Schaf jedoch erst bekommen, als die Metzger in den deutschen Landen Lammfleisch anboten — statt Hammel, wie früher üblich. Dieses oft tranig schmeckende, fette Fleisch älterer Tiere taugte eigentlich nur zu deftigen Eintöpfen mit grünen Bohnen.

Die vielleicht größte kulinarische Entdeckung in Sachen Lamm war die Erkenntnis, daß das Fleisch von Deichlämmern durch das Futter natürlich, zart und so gleichmäßig vorgesalzen wird, wie es kein Meisterkoch annähernd gut schaffen würde. Denn der permanente Seewind würzt mit feinsten Meersalzkristallen das Gras. Diese "Presalé"-Lämmer von den Nordseeküsten und das Milchlamm, das noch gar kein Grünfutter gefressen hat — sie machen Ruhm und Ruf dieser Fleischsorte aus.

Gastrosoph Eugen Baron von Vaerst war uns da voraus. Bereits vor zweihundert Jahren schwärmte er: „Eine Lammcotelette sauté aux Champignons mit Sauce tomate ist das Sublimste, was die Küche bieten kann. Man sollte sie als Petit Souper unter vier Augen verzehren."

❝ Wild kann eine der größten Köstlichkeiten sein, aber es wird leider immer seltener. Z.B. die Schnepfe. Zu Escoffiers Zeiten war sie die „Königin der Grande Cuisine". Es gibt für einen Koch einfach nichts besseres. Doch heute ist dieser Wildvogel so gut wie verschwunden. Das beste Wild, das man heute überall in guter Qualität finden kann, sind Hasen und vor allem Wildenten.

Lamm ist bei uns, wie in vielen anderen europäischen Regionen, das traditionelle Osteressen. Frühlingslamm ist sicherlich das beste, aber man bekommt es nur über kurze Zeit. Aber dann gibt es die Lämmer von den Bergweiden der Alpen, die Dank der vielen Kräuter, die sie essen, einen ausgeprägten Geschmack haben, und vor allem die Pré-salé-Lämmer. Dazu zählen die von den Salzwiesen der französischen Küste und die Deichlämmer aus Nordfriesland. ❞

WILD/LAMM

126

Deutscher Feldhase auf königliche Art — französischer geht's kaum: mit Speckmantel und Nelkenzwiebel, Kräuterzweig und Knoblauch. Da weht ein kräftiger Hauch von Provence durch die deutschen Küchen...

WILD/LAMM

Wem eine Wachtel ins Netz geht, der braucht für den Appetit nicht zu sorgen. Der Winzling unter dem Federwild zählt immer noch zu den Tafelfreuden par excellence — auch ohne Trüffel und Gänseleber. Grünkohl ist eine überraschend pikante Alternative.

WILD/LAMM

Bäuerliches nach Bajuwaren-Art: Statt des obligatorischen Schweinebratens mit Sauerkraut — Lammrücken mit Gemüsen der Saison und Region. Ein bayerischer Sonntagsbraten, bei dem man glatt das Bier vergessen kann...

WILD/LAMM

Bocuse empfiehlt dazu einen gerbstoffbetonten Rotwein, z. B. aus Baden: 1985er Freiburger Lorettoberg, Spätburgunder Spätlese trocken. Ein Qualitätswein mit Prädikat.

HASE AUF KÖNIGLICHE ART

<u>Für 8 Personen</u>
1 frischer Wildhase, 2,5-3 kg, beim Wildhändler vorbestellen: abziehen und ausnehmen lassen, die Leber und das Blut für die Soße mitgeben lassen
2 EL Weinbrand
20 dünne Scheiben frischer grüner Speck, ca. 10 x 25 cm groß
1 große Möhre, geputzt
1 Lorbeerblatt
3 Gewürznelken
3 Zwiebeln, geschält
15 Schalotten, geschält
10 Knoblauchzehen
1 Zweig Thymian
1 Zweig Petersilie
Meersalz
frisch gemahlener Pfeffer
¼ l guter Rotwein-Essig
2 Flaschen Rotwein, Spätburgunder

Den Hasen mit Küchenpapier trockentupfen und wie folgt binden: Die Vorderläufe gegen die Brust und die Keulen gegen den Bauch des Hasen drücken und mit Küchengarn festbinden.
Die Hasenleber fein hacken, mit dem Hasenblut und dem Weinbrand mischen, beiseite stellen.
Einen Bräter mit dem Speck auslegen: Zwei Speckscheiben auf die Mitte des Topfbodens legen, die übrigen so in den Bräter legen, daß sie am Rand hoch liegen.
Den gebundenen Hasen in den Bräter legen.
Die Möhre in Stücke schneiden, das Lorbeerblatt mit den Gewürznelken auf einer Zwiebel feststecken und beides mit den übrigen Zwiebeln sowie den Schalotten und den ungeschälten Knoblauchzehen zum Hasen geben.
Die Kräuter darauflegen, salzen, pfeffern und mit dem Speck abdecken.
Den Rotwein-Essig und eineinhalb Flaschen Rotwein angießen; Deckel aufsetzen.
Zum Kochen bringen und bei geringer Hitze 3 Stunden langsam schmoren lassen.
Den Hasen vorsichtig herausheben und auf einer vorgewärmten Platte abgedeckt warm stellen.
Die Soße durch ein Sieb gießen, das Gemüse heraussuchen und die Knoblauchzehen aus der Schale drücken.
Soße, Gemüse und Knoblauch erhitzen, den übrigen Wein dazugeben und einkochen lassen.
Dann die vorbereitete Lebermischung unterrühren, die Soße pürieren und abschmecken.
Vor dem Servieren das Küchengarn vom Hasen entfernen, das Hasenfleisch portionsweise von den Knochen lösen und mit der Soße anrichten.
Dazu passen Spätzle und Rosenkohl.

Einen ausreichend großen Bräter mit den Speckscheiben vollständig auslegen.

Den Hasen, Möhren, Zwiebeln, Schalotten, Knoblauch und Kräuter daraufgeben, würzen.

Die hochstehenden Speckscheiben nach innen umschlagen und alles damit bedecken.

Den Rotwein-Essig und 1½ Flaschen von dem Burgunder dazugießen; einen Deckel aufsetzen und alles zum Kochen bringen.

WILD/LAMM

Bocuse empfiehlt dazu einen Weißwein, z. B. von der Nahe: 1987er Wallhausener Pastorenberg, Müller-Thurgau Kabinett trocken. Ein Qualitätswein mit Prädikat.

GEFÜLLTE WACHTELN MIT GRÜNKOHL

4 Wachteln, küchenfertig, beim Einkauf vom Rücken her entbeinen lassen
frisch gemahlener Pfeffer
Meersalz
4 Stücke Schweinenetz, gewässert, gesäubert

Grünkohl:
1 kg Grünkohl
40 g geräucherter Speck, gewürfelt
1 kleine Zwiebel, geschält, fein gehackt
1 Knoblauchzehe, geschält, fein gehackt
einige Majoranblätter
etwas Petersilie, gehackt
Muskat, Meersalz
frisch gemahlener Pfeffer

Füllung:
30 g Butter
80 g Geflügelleber, fein gewürfelt
50 g geschälter Apfel, entkernt, gewürfelt
60 g Weißbrot, entrindet gewürfelt
5 EL süße Sahne
1 TL Petersilie, gehackt
einige Thymianblätter
2-3 EL von dem Grünkohl
Muskat
frisch gemahlener Pfeffer
Meersalz

Grünkohl von den Blattrispen streifen, gründlich waschen und grob hacken.
In kochendem Salzwasser blanchieren, kalt abschrecken, abtropfen lassen und dann mit der Hand gut ausdrücken.
Den Speck in einem Topf andünsten, Zwiebel sowie Knoblauch kurz mitdünsten und den Kohl zugeben. Würzen und zugedeckt ca. 20 Minuten garen.
Für die Füllung die Butter zerlassen, Geflügelleber- und Apfelwürfel darin andünsten.
Die übrigen Zutaten sowie etwa 2-3 EL des Grünkohls untermischen, abschmecken und abkühlen lassen.
Die Wachteln vorsichtig unter kaltem Wasser säubern, mit Küchenpapier trockentupfen. Von innen leicht pfeffern und salzen.
Die vorbereitete Füllung hineingeben, die Wachteln in Form drücken und jeweils in ein Stück Schweinenetz hüllen.
In einen Bräter legen und im vorgeheizten Backofen bei 180-200 Grad ca. 20 Minuten braten.
Den Grünkohl mit der Bratflüssigkeit von den Wachteln abschmecken und mit je einer Wachtel anrichten.

Die entbeinte Wachtel mit der Öffnung nach oben auf die Arbeitsfläche legen und füllen.

Die Wachteln verschließen, die Verschlußöffnung zuhalten und die Wachteln umdrehen.

Die gefüllten Wachteln vorsichtig in ihre ursprüngliche Form zurechtdrücken.

Dann jeweils in ein Stück Schweinenetz hüllen und in einen Bräter legen.

WILD/LAMM

Bocuse empfiehlt dazu einen Rotwein, z. B. aus Württemberg: 1986er Cannstadter Zuckerle, Trollinger trocken. Ein Qualitätswein b. A.

REBHUHNBRÜSTCHEN AUF STEINPILZEN

4 junge Rebhühner, küchenfertig, beim Einkauf die Brüstchen ablösen lassen, die Karkassen und Keulchen für einen Geflügelfond verwenden
Meersalz
frisch gemahlener Pfeffer

2 EL Butter
4 EL brauner Geflügelfond, stark eingekocht
½ TL Edelsüß-Paprika
0,2 l Crème double

Steinpilze:
250 g frische Steinpilze, geputzt
50 g Butter
frisch gemahlener Pfeffer
Meersalz

Garniervorschlag:
Kerbelblätter

Alle Rebhuhnbrüstchen von jeder Seite leicht mit Salz und Pfeffer würzen.
Auf der Hautseite zuerst in heißer Butter anbraten, dann wenden und auf der anderen Seite fertigbraten.
Die Brüstchen sollen innen noch rosa sein.
Die Rebhuhnbrüstchen aus der Pfanne nehmen und auf einer vorgewärmten Platte warm stellen.
Den eingekochten Geflügelfond und das Paprikapulver in das Bratfett geben.
Die Crème double unterrühren und die Soße sämig einkochen lassen.
Die Steinpilze in Scheiben schneiden, in heißer Butter andünsten und mit Pfeffer und Salz würzen.
In ein Sieb geben, abtropfen lassen und kurz vor dem Servieren in der Soße erwärmen.
Die Rebhuhnbrüstchen schräg in ein Zentimeter dicke Scheiben schneiden, mit der Steinpilzsoße anrichten und mit Kerbelblättchen garnieren.

Die Rebhuhnbrüstchen von jeder Seite mit Salz und Pfeffer würzen.

Die Hautseite zuerst in heißer Butter anbraten, die Brüstchen wenden und fertigbraten.

Die Rebhuhnbrüstchen zum Servieren in ein Zentimeter dicke Scheiben schneiden.

Die abgetropften Steinpilze in der vorbereiteten Soße erhitzen.

WILD/LAMM

Bocuse empfiehlt dazu einen jungen, kräftigen Weißwein, z. B. aus Rheinhessen: 1986er Alsheimer Rheinblick, Weißburgunder Spätlese trocken. Ein Qualitätswein mit Prädikat.

BAYERISCHER LAMMRÜCKEN

800 g Lammsattel mit Knochen, die Knochen beim Einkauf auslösen, hacken und für die Soße mitgeben lassen

Lammfond:
1 Stück Staudensellerie, geputzt, gehackt
1 kleine Zwiebel, geschält, geviertelt
1 Stück Lauch, geputzt in Stücke geschnitten
Lammknochen, gehackt
Lammparüren
30 g Butter
1 l Wasser
8-10 Pfefferkörner
Salz

Gemüse:
80 g weiße Zwiebeln
80 g rote Zwiebeln
80 g Lauch, geputzt
100 g Rosenkohl
80 g Wirsingblätter
100 g weiche Butter
Meersalz, Pfeffer
1 EL Schnittlauchröllchen
1 TL Basilikumblätter, gehackt
1 Knoblauchzehe, geschält

Beide Lammrückenfilets sorgfältig von Fett und Sehnen, den Parüren, befreien.
Für den Fond das vorbereitete Gemüse zusammen mit den gehackten Lammknochen und -parüren in heißer Butter anschwitzen.
Das Wasser aufgießen, die Pfefferkörner und etwas Salz zugeben, aufkochen und ca. 40-45 Minuten köcheln lassen.
Den Lammfond durch ein feines Sieb in einen Topf gießen und zur Hälfte einkochen lassen.
Inzwischen für das Gemüse die Zwiebeln schälen, vierteln oder sechsteln und in einzelne Lagen zerlegen. Das Weiße vom Lauch in Scheiben schneiden, den Rosenkohl entblättern und die Wirsingblätter in 3 x 3 cm große Stücke schneiden.
Beide Zwiebelsorten und den Lauch in einem Bräter mit 1 EL Butter andünsten, leicht salzen.
Den Rosenkohl und die Wirsingblätter dazugeben, kurz mitdünsten und pfeffern.
Die Lammrückenfilets auf das Gemüse legen und den eingekochten Fond darübergießen.
Aufkochen lassen und zugedeckt ca. 15 Minuten bei geringer Hitze garen.
Dann das Fleisch herausnehmen, auf eine vorgewärmte Platte legen, abdecken und ruhenlassen, damit sich der Fleischsaft im Inneren gleichmäßig verteilen kann.
Den Schnittlauch und das Basilikum zum Gemüse geben, die übrige Butter untermischen.
Etwas durchkochen lassen, die Knoblauchzehe auf eine Gabel stecken und das Gemüse damit umrühren, um es zu verfeinern.
Die Lammrückenfilets in Scheiben schneiden.
Etwas Soße und Gemüse auf vier Teller verteilen, das Lammfleisch darauflegen und mit wenig grobem Salz bestreuen.

Die Zwiebeln und den Lauch in 1 EL heißer Butter goldgelb andünsten, salzen.

Die Rosenkohl- und Wirsingblätter mitdünsten, das Fleisch darauflegen.

Den eingekochten Lammfond aufgießen. Zugedeckt etwa 15 Minuten garen.

Fleisch herausnehmen. Die Kräuter und die Butter unter das Gemüse mischen, die Knoblauchzehe auf eine Gabel stecken und das Gemüse damit umrühren.

FRÜHGE

Frühling war's früher für den Feinschmecker erst, wenn die Schnecken im Eiltempo Kurs aufs Salatbeet nahmen. Die ersten zart-grünen Köpfe mit ihren knackigen Blättern waren der Auftakt zur neuen Saison.

Im Kopfsalat vereint sich geradezu prototypisch, was viele Frühlings- und Sommergemüse zu Stimulanz und Delikatesse macht: das feine Spiel von Bitter- und Süßaromen, der Saft, die Frische und die Fülle an Vitaminen, die den wintermüden Organismus mobilisieren.

Offenbar schätzte man auch im griechischen Olymp Frühlingsgefühle — von Zeus ist in dieser Beziehung ja einiges bekanntgeworden —, denn dort galt der Lattich nach Nektar und Ambrosia als dritte der Götterspeisen. Und Lattich, das ist nichts anderes als eine altmodische Bezeichnung für unseren grünen Salat.

Beim Spargel ist dergleichen Menschliches von den Göttern nicht überliefert. Vermutlich fiel seine angeblich-aphrodisiakische Wirkung unter die olympischen Staatsgeheimnisse. Nur half das nicht viel. Schon die alten Ägypter sollen sich an den weißen Stangen des Asperagus delektiert haben. Und seit damals schwirrt das Küchengerücht durch die Jahrhunderte, daß das zarte Liliengewächs der Liebe förderlich sein soll. Unter uns: Eine Wirkung verspüren nur ohnehin potente Esser. Die Ärzte konstatieren nämlich leidenschaftslos: Nährwert fast null, Vitamingehalt respektabel, harntreibende Kraft beinemachend. Blumige Kochbuch-Autoren der Jahrhundertwende ernannten den Spargel denn auch zum "Polizisten der Niere".

Daß auch die jungen Erbsenschoten einst ein ähnliches Image wie der Spargel hatten, halten wir heute fast für einen kulinarischen Scherz. Wahr ist aber, daß sie seit alters als Fruchtbarkeits-Symbol galten und daß

MÜSE

sie im Mittelalter als große Delikatesse begehrt waren.

Nicht alle Frühlingsgemüse locken den Gourmet mit subtilem Geschmack und einem delikaten Ruf — manche verführen mit Farbe. Das reicht vom fetten Grün der Gurken und dem Orange der Möhren über die Ampel-Skala der Paprikas und das tiefdunkle Violett der Auberginen bis hin zum Signalrot der Tomaten — früher ein Stop- und Anhalteschild für Feinschmecker. Heute, wo die trittfeste Gewächshaustomate vielen als geschmacksfreies Nichts erscheint, kann man sich kaum noch vorstellen, wie das mittelamerikanische Nachtschattengewächs nach dem Import aus der Neuen Welt vergöttert wurde. Die Namen künden noch davon: Paradies-, Gold- und Liebesapfel. Der französische Gastrosoph Grimod de Reynière begeisterte sich vor zweihundert Jahren: „Durch Tomatensauce wird das mittelmäßigste Fleisch zum wahren Leckerbissen." An manchen Frühlingsgewächsen scheiden sich freilich die Geister. Das beginnt bei Radieschen und Rettich und endet beim Knoblauch. Wundersame Wirkungen werden der Knolle zugeschrieben — von der Lebensverlängerung bis zur Vampirabwehr. Nero, der singende Pyromane, aß täglich Knoblauch in Öl, um bei Stimme zu bleiben. Vermutlich wegen dieses Trendsetters grassierte damals im alten Rom eine wahre Knoblauch-Manie. Doch schon Lustspiel-Schreiber Martial erkannte das Dilemma, in das uns die Knolle im Frühling stürzt: „Hast du Knoblauch gegessen, der köstlich würzt, dir aber übelriechenden Atem verleiht, so gib acht, wenn du zu deiner Geliebten gehst. Küsse nur mit geschlossenem Mund!"

❝ Frühlingsgemüse — wie zum Beispiel die ersten kleinen Erbsen — bereitete man im Gegensatz zu den Wintergemüsen, wo man mit Butter und Creme nicht sparen sollte, am besten vollkommen pur. Das junge Lauch, die Radieschen, die Schalotten, ohne die man gar nicht vernünftig kochen kann, aber auch Zwiebel und Knoblauch, von denen man sagt, daß sie das Leben verlängern. Und da ist etwas Wahres dran. ❞

FRÜHGEMÜSE

Die weiße Lust im Mai: Spargel satt! Aber wer ihn nur aus dem heißen Sud kennt, garniert mit der obligatorischen Scheibe Schinken, dem fehlt eine Geschmacksdimension. Dezent von Ölen und Essigen getränkt, mit Kräutern gewürzt, offenbart der Spargel neue feinschmeckerische Finessen.

FRÜHGEMÜSE

Duftbomben, die bei Hitze hochgehen: Viele Gourmets sind geradezu süchtig nach dem unverwechselbaren Geruch und Geschmack, die sich in der Faltenhaube der Morchel verbergen. Den Edelpilz gibt's fast nur getrocknet. Aber zwischen März und Mai ist er frisch unter Eschen und Pappeln zu finden — wenn man ihn findet..

145

FRÜHGEMÜSE

Dreistöckiger Frühlingsdampfer: Die "Aubergine" hat Tomaten, Schafskäse und Basilikum an Bord. Eine Mischung, die sie zum kulinarischen Traumschiff macht.

FRÜHGEMÜSE

Bocuse empfiehlt dazu einen leichten, säurebetonten Kabinettwein, z. B. aus der Rheinpfalz: 1986er Ungsteiner Honigsäckel, Kerner Kabinett trocken. Ein Qualitätswein mit Prädikat.

SCHWETZINGER SPARGELSALAT

700 g weißer Spargel
Meersalz
etwas Zucker
1 Scheibe Weißbrot

Salatsoße:
1 Msp. Senf
1 Eigelb
Meersalz
1 kleine Schalotte, geschält, fein gehackt

2 EL Rotwein-Essig
2 EL Himbeer-Essig
2 EL Balsam-Essig
2 EL kräftige Brühe
0,2 l Traubenkernöl
2-3 EL Crème double

Kalbshirn:
400 g frisches Kalbshirn
Meersalz

frisch gemahlener Pfeffer
etwas Mehl
40 g Butter

Garniervorschlag:
einige kleine Büschel Feldsalat, geputzt, gesäubert
40 g Grünkern, weich gedünstet
verschiedene Kräuter

Zuerst das Kalbshirn zum Wässern für einige Stunden in reichlich kaltes Wasser legen.
Den Spargel schälen, dabei etwa 2 cm unterhalb des Spargelkopfes beginnen. Die holzigen Spargelenden abschneiden.
Den Spargel in leicht gesalzenem, kochendem Wasser mit etwas Zucker und dem Weißbrot ca. 15 Minuten nicht zu weich garen. Das Brot wird in das Kochwasser gegeben, um den Spargelgeruch zu binden.
Den Spargel in kaltem Wasser abkühlen, abtropfen lassen, mit einem sauberen Tuch trockentupfen und dann in 3-4 cm lange Stücke schneiden.
Für die Salatsoße Senf, Eigelb, Salz, Schalotte und alle Essigsorten miteinander glattrühren.
Die Brühe dazugeben und ganz langsam unter ständigem Rühren das Öl zufügen. Die Soße zum Schluß mit Crème double abrunden.
Den Spargel mit der Salatsoße mischen und gut eine Stunde lang durchziehen lassen.
Das Kalbshirn in lauwarmem Wasser häuten und in ca. 1 cm dicke Scheiben schneiden.
Salzen, pfeffern, in Mehl wenden und in nicht zu heißer Butter von jeder Seite ca. 1 ½ Minuten goldbraun braten.
Auf Küchenpapier legen, damit überschüssiges Fett aufgesaugt wird.
Den Feldsalat dekorativ auf vier Teller verteilen, den Spargel abtropfen lassen, auf die Teller plazieren und die lauwarmen Kalbshirnscheiben darauflegen.
Den Grünkern nach Belieben in der Salatsoße schwenken, abtropfen lassen und mit den gezupften Kräutern über dem Salat verteilen.

Das Kalbshirn für einige Stunden zum Wässern in reichlich kaltes Wasser legen.

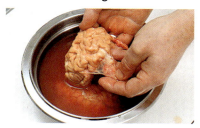

Danach in lauwarmem Wasser vorsichtig die dünne Haut vom Kalbshirn abziehen.

Das Kalbshirn in 1 cm dicke Scheiben schneiden, würzen und in Mehl wenden.

Von jeder Seite in nicht zu heißer Butter goldbraun braten. Danach auf Küchenpapier legen, damit das überschüssige Fett aufgesaugt wird.

FRÜHGEMÜSE

Bocuse empfiehlt dazu einen Weißwein, z. B. aus Rheinhessen: 1987er Gau-Bickelheimer Kurfürstenstück, Müller-Thurgau trocken. Ein Qualitätswein b. A.

LASAGNE VON AUBERGINEN

2 kleine Auberginen
Meersalz
frisch gemahlener Pfeffer
1 EL Mehl
4 EL Olivenöl
600 g reife Tomaten
1 EL Butter
1 Prise Zucker
8-10 Blätter Basilikum, in feine Streifen geschnitten
70 g frischer Schafskäse

Auberginen waschen und den Stielansatz entfernen. Die Auberginen der Länge nach in ½ cm dicke Scheiben schneiden.
Von jeder Seite mit Salz und Pfeffer würzen und die Scheiben in Mehl wenden.
In einer heißen Pfanne mit 3 EL Olivenöl auf jeder Seite rasch anbraten.
Herausnehmen und auf Küchenpapier legen, damit überschüssiges Fett aufgesaugt wird.
Den Stielansatz von den Tomaten keilförmig herausschneiden, die Tomaten mit kochendem Wasser überbrühen, häuten, halbieren, entkernen. Die Tomatenhälften vierteln.
Die Butter erhitzen, die Tomaten darin andünsten und mit Salz, Pfeffer sowie Zucker würzen.
Die Basilikumstreifen sowie den zerbröckelten Schafskäse untermischen und beiseite stellen.
Nun abwechselnd die Auberginenscheiben und die Tomaten-Schafskäse-Masse zu vier Lagen übereinanderschichten, so daß pro Person aus einer halben Aubergine eine Lasagne entsteht.
In eine feuerfeste Form setzen, mit dem restlichen Olivenöl beträufeln und ca. 4-5 Minuten im vorgeheizten Backofen bei 220 Grad überbacken.

Die Auberginen längs in ½ cm dicke Scheiben schneiden, würzen und in Mehl wenden.

Kurz in heißem Olivenöl von jeder Seite anbraten; auf Küchenpapier abtropfen lassen.

Tomaten in heißer Butter andünsten, würzen, Basilikum und Schafskäse untermischen.

Abwechselnd die Auberginenscheiben und die Tomaten-Schafskäse-Mischung übereinanderschichten. Im vorgeheizten Backofen bei 220 Grad 4-5 Minuten überbacken.

FRÜHGEMÜSE

Bocuse empfiehlt dazu einen feinherben Weißwein, z. B. aus Baden: 1986er Heidelberger Mannaberg, Weißburgunder Kabinett trocken. Ein Qualitätswein mit Prädikat.

GEFÜLLTE ZUCCHINIBLÜTEN

4 kleine Zucchini mit Blüten
2 EL Butter
Salz
frisch gemahlener weißer Pfeffer
1 Eigelb
1 TL Crème double

Bierteig:
250 g Mehl
3 Eigelb
¼ l Bier
50 g zerlassene Butter
3 Eiweiß
Salz
ca. 1 kg Butterschmalz oder 1 l Öl zum Fritieren

Madeirasoße:
20 g schwarze Trüffel, aus der Dose
10 EL Madeira
0,3 l Geflügelfond
5 EL Trüffelsaft
⅛ l Crème double
50 g kalte Butter
Salz

Für den Bierteig das Mehl mit dem Eigelb, dem Bier und der Butter glattrühren.
Bei Zimmertemperatur ca. 30 Minuten ruhenlassen.
Dann das Eiweiß mit einer Prise Salz steif schlagen, nach und nach vorsichtig unter den Bierteig heben.
Die zarten Blüten vorsichtig von den Zucchini abschneiden und beiseite legen.
Die Zucchini gründlich säubern, die Enden kappen und die Zucchini fein würfeln.
In heißer Butter andünsten, salzen, pfeffern, beiseite stellen.
Für die Soße die Trüffel fein würfeln, beiseite stellen.
Nach Belieben eine Prise gehackte Trüffel zu den gedünsteten Zucchiniwürfeln geben.
Madeira, Geflügelfond und Trüffelsaft in einen Topf geben; etwa zur Hälfte einkochen lassen.
Inzwischen das Butterschmalz oder das Öl auf etwa 180 Grad erhitzen.
Die Zucchiniwürfel mit Eigelb, Crème double und einem Eßlöffel Bierteig vermischen.
Diese Masse in einen Spritzbeutel mit mittlerer Lochtülle geben und beiseite legen.
Von den Zucchiniblüten vorsichtig die dunklen Stellen entfernen.
Die Blüten vorsichtig öffnen, leicht salzen, pfeffern und die Zucchinimasse hineinspritzen. Die Füllung gut andrücken und die Blütenöffnung verschließen.
Die gefüllten Zucchiniblüten in den nochmals durchgerührten Bierteig tauchen, abtropfen lassen und in das heiße Fett geben.
Goldbraun darin ausbacken, herausheben, abtropfen lassen und auf Küchenpapier legen.
Die Crème double unter die eingekochte Soße rühren, kurz durchkochen lassen und die kalte Butter flöckchenweise unterschlagen.
Die Soße abschmecken, nach Belieben kurz durchmixen und die gehackten Trüffel zugeben.
Auf vier Tellern verteilen und die fritierten Zucchiniblüten darauf anrichten.
Als Vorspeise je eine Blüte pro Person servieren.

Die zarten Zucchiniblüten abschneiden, dunkle Stellen davon entfernen.

Die Blüten vorsichtig öffnen, würzen und die vorbereitete Füllung hineinspritzen.

Die Blüten verschließen, in Form drücken und an der Spitze leicht zusammendrehen.

Die gefüllten Blüten durch den Bierteig ziehen, abtropfen lassen, in das heiße Fett geben und goldbraun ausbacken.

FRÜHGEMÜSE

Bocuse empfiehlt dazu einen leichten Weißwein, z. B. aus der Rheinpfalz: 1987er Maikammerer Mandelhöhe, Müller-Thurgau Kabinett trocken. Ein Qualitätswein mit Prädikat.

KÄSE-SPINAT-TORTE

Teig:
250 g Mehl
180 g Butter
1 Ei
Meersalz
etwas Butter für die Form
1 Eigelb zum Bestreichen

Belag:
700 g Spinat, geputzt
50 g Butter
Meersalz
frisch gemahlener Pfeffer
2 EL süße Sahne
1 TL gehackte Petersilie
100 g Quark
100 g Allgäuer Emmentaler, geraspelt

Guß:
2 große Eier
Meersalz
Muskat
⅛ l süße Sahne
⅛ l Vollmilch
½ TL Majoranblättchen

Mehl, Butter, Ei und eine Prise Salz zu einem glatten Teig verkneten, in Klarsichtfolie einschlagen und etwa eine halbe Stunde im Kühlschrank ruhenlassen.

Für den Belag den Spinat gründlich waschen, damit der Sand herausgespült wird, und in einem Sieb gut abtropfen lassen.

Die Butter erhitzen, kurz aufschäumen lassen und den Spinat dazugeben. Mit Salz und Pfeffer würzen und zugedeckt ca. 2 Minuten dünsten.

In der Zwischenzeit alle Zutaten für den Guß miteinander verquirlen und beiseite stellen.

Sahne und Petersilie unter den Spinat rühren, Quark und Käse untermischen und diese Masse nach und nach mit dem vorbereiteten Guß vermengen.

Den Teig aus der Folie wickeln, halbieren und auf einer mit Mehl bestäubten Arbeitsfläche dünn ausrollen.

Eine gebutterte Tarteform mit dem Teig auslegen. Die Spinatfüllung in die Form geben.

Den übrigen Teig ebenfalls ausrollen und wie einen Deckel auf die Form legen. Den überstehenden Teig mit Hilfe des Rollholzes abrollen, entfernen und den Teigdeckel am Rand der Form gut andrücken.

Die Oberfläche mit verquirltem Eigelb bestreichen und mit einer Gabel einige Löcher einstechen, damit beim Backen der Dampf entweichen kann.

Im vorgeheizten Backofen bei 180 Grad in ca. 30 Minuten goldbraun backen.

Den Spinat in die heiße Butter geben, leicht mit Salz und Pfeffer würzen.

Zugedeckt 2 Minuten dünsten, dann Sahne, Petersilie und Quark untermischen.

Den Käse unter den Spinat mischen und darin unter Rühren schmelzen lassen.

Die fertige Spinatmasse unter den vorbereiteten Guß mischen und diese Füllung in die gebutterte, mit Teig ausgelegte Form geben. Gleichmäßig verteilen; mit einer Teigplatte abdecken.

FRÜHGEMÜSE

Bocuse empfiehlt dazu nach Belieben und eigenem Geschmack einen trockenen Weißwein.

ALLGÄUER KÄS'SUPPEN

2 Zwiebeln, geschält
1 Stange Lauch, geputzt
3 EL Butter
2 EL Mehl
Muskat
1 l lauwarme Brühe
100 g Schmelzkäse
(nach Belieben mehr)
frisch gemahlener Pfeffer
1 kleines Bund
Petersilie, gehackt

Garniervorschlag:
2 Scheiben Toastbrot, gewürfelt, in heißer Butter goldbraun angeröstet

Zwiebeln und Lauch in Ringe schneiden und in heißer Butter andünsten.
Das Mehl darüberstäuben, kurz anschwitzen lassen, bis alles leicht zu bräunen beginnt.
Mit Muskat würzen und unter ständigem Rühren die lauwarme Brühe aufgießen.
Aufkochen und die Suppe bei geringer Hitze etwa 20 Minuten köcheln lassen. Gelegentlich umrühren, damit die Suppe nicht anbrennt.
Den Käse würfeln, in die heiße Suppe geben und darin schmelzen lassen.
Mit Muskat und Pfeffer abschmecken und die Petersilie untermischen.
Die Suppe vor dem Servieren mit den gerösteten Toastbrotwürfeln bestreuen.

Ein Tip von Bocuse:
Bei uns in Frankreich gibt es auch so eine ähnliche Suppe, jedoch geben wir anstelle der Brühe Weißwein dazu. Probieren Sie einmal eine gemischte Variante, indem Sie jeweils zur Hälfte Brühe und einen trockenen Weißwein verwenden.

Die halben Zwiebelringe und den Lauch in heißer Butter andünsten; nicht bräunen.

Das Mehl zugeben, unter Rühren so lange anschwitzen lassen, bis es leicht bräunt.

Unter ständigem Rühren die Brühe dazugießen und die Suppe aufkochen lassen.

Bei geringer Hitze 20 Minuten köcheln lassen. Gelegentlich umrühren, damit sie nicht anbrennt. Zum Schluß den Schmelzkäse unterrühren und in der Suppe auflösen.

WINTER

Die spöttische Bezeichnung "Krauts" sollten die Deutschen eigentlich als Kompliment auffassen. Keinem kochenden Volk ist mehr zu diesem Thema eingefallen — sogar gegensätzliche Namen für die gleiche Sache: Was den Bayern ihr Blaukraut, ist den Preußen der Rotkohl. Die Bremer schwelgen in Grünkohl mit Pinkel. Der Weißkohl kann gekocht oder als Krautsalat auf den Tisch kommen. Oder in seiner deutschesten Form: als Sauerkraut. Daß es in dieser Art sogar politisch bedeutsam war, entdeckte Ende des 18. Jahrhunderts der Freiherr von Münchhausen: „Der Erfinder des Sauerkrauts war gewiß ein großer Mann, der es verdiente, in eine Ruhmeshalle gestellt zu werden, denn er hat doch wenigstens in einer Beziehung die deutsche Einheit befördert." Und wer da glaubt, Sauerkraut sei eine Sache für kulinarische Banausen, der merke sich die lakonische Zubereitungsanleitung aus einem Kochbuch von 1880: „Sauerkraut macht man mit Champagner. Es geht auch mit Sekt. Ganz arme Leute nehmen Mosel."

Überhaupt ist die Klischeevorstellung nicht haltbar, jegliche Art von Herbst- und Wintergemüse zähle zu den einfacheren Tafelfreuden. Gewiß, die "Mecklenburger Ananas", wie man die Steckrübe aufwertend genannt hat, ist keine Delikatesse — kann aber zu einer werden, wenn man aus ihr ein Rahmsüppchen mit Krebsschwänzen macht. Es soll auch Leute geben, die für ein Linsengericht sonstwas hergeben. Eine Erbsensuppe, von einem Erbsensuppen-Fan zubereitet, kann ein unübertrefflicher Genuß sein. Die Grünkernsuppe, wie sie in manchen badischen Haushalten heute noch auf den Tisch kommt, ist ein frugaler Leckerbissen. Und was bietet die kalte Jahreszeit an verschiedenartigen Salaten: von Rapunzel und Radicchio, Endivie und Eskariol, Chicorée und Chinakohl. Und dann des deutschen liebste Knolle: Von den Franzosen hat man mittlerweile

GEMÜSE

gelernt, daß man Kartoffeln nicht nur braten, pürieren und fritieren kann.

Manches andere an Genüssen haben wir im Laufe der Zeit vergessen. Der griechische Philosoph Epikur, bekanntlich kein Kostverächter, schwärmte: „Gib mir einen Teller Graupengrütze, und Jupiter könnte nicht glücklicher sein." Und der römische Dichter Martial, auch ein Leckermaul, verkündete: „Wenn weiße Bohnen für dich in einem Topfe sieden, kannst du auf vieles verzichten, was dir deine lukullischen Freunde vorsetzen."

Die Zauberin Kalypso hingegen schwor auf Sellerie, zweifellos noch nicht in Form des unverwüstlichen Waldorf-Salats, sondern pur. Warum, das haben inzwischen die Biochemiker herausgefunden: Die ätherischen Öle der Sellerie haben eine wohltuende Wirkung auf die Sexualhormone. Odysseus, damit gefüttert, erlag ja denn auch der Dame.

Einen ähnlich pikanten Ruf haben die arg verkannten Schwarzwurzeln, der Spargel des Winters. Und nicht zu vergessen: der weiße Trüffel, den Eingeweihte noch heute in Südbaden und in der Pfalz zu finden wissen.

Halbwegs aus dem Sinn ist auch eine Winterdelikatesse, die vornehmlich im märkischen Sand gedeiht. Einer, der gern gut aß, bat regelmäßig im Spätherbst seinen Berliner Freund Zelter: „Sodann würden Sie mich sehr verbinden, wenn Sie mir einen Scheffel echte Teltower Rübchen schicken könnten, aber freilich bald, ehe die Kälte eintritt." Und Gourmet Goethe bekam seine Rübchen per Postwagen nach Weimar geschickt.

> ❝ Ich mag Rübchen und einfach alle Arten von Kohl und Kraut. Aber die Königin der Wintergemüse ist für mich die Kartoffel. Diese Erdknolle wird von vielen zu Unrecht für minderwertig gehalten. Wir servieren bei uns im Restaurant ganz bewußt viele Kartoffelbeilagen. Eine schlichte, gebakkene Kartoffel zum Lachs, ein gutes Püree, die diversen Gratins. Eines der beliebtesten Gerichte bei uns ist eine Rotbarbe, deren Schuppen durch eine Schicht dünner Kartoffelscheiben ersetzt wurde, die mit in der Pfanne gebraten werden. Ein raffiniertes Gericht. Dabei ist eigentlich nichts anderes auf dem Teller als Fisch mit Bratkartoffel ❞

WINTERGEMÜSE

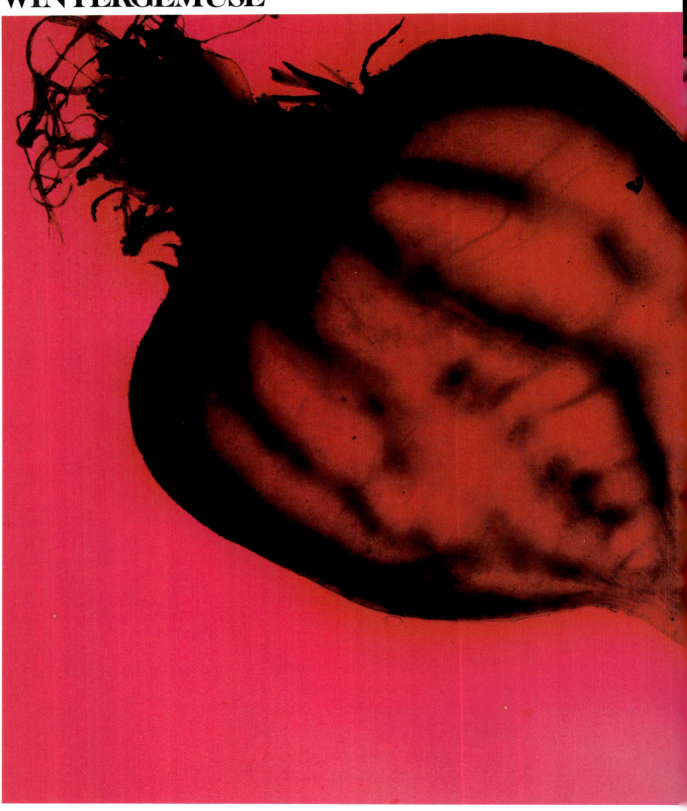

Großmutters geliebte Knolle: Die Roten Beten gelten in unserer Ära der exotischen Gemüse als hoffnungslos altmodisch. Dabei gibt es Gerichte, die ohne den angenehm süßlichen Geschmack der Rübe ihren Pfiff verlieren (Rezept Matjessülze Seite 46).

WINTERGEMÜSE

Er ist in jeder Beziehung meilenweit vom Eiswein entfernt, aber eines hat der Rosenkohl mit ihm gemeinsam: Richtig fein schmekken beide erst nach einem kräftigen Schuß Frost.

WINTERGEMÜSE

Preußischer Sattmacher mit französischem Raffinement: Um aus der Kartoffel eine Delikatesse zu machen, bedarf es nur der unbekümmerten Phantasie eines Paul Bocuse, der sich nicht scheut, Speck, Schnittlauch und Trüffel zu kombinieren.

WINTERGEMÜSE

Bocuse empfiehlt dazu nach Geschmack ein Glas trockenen Weißwein oder ein kühles Bier.

KARTOFFELSUPPE MIT STEINPILZEN

400 g Kartoffeln, mehlig kochend, geschält
Meersalz
80 g Butter
¼ l süße Sahne
ca. ½ l Fleischbrühe
Muskat
frisch gemahlener weißer Pfeffer

Einlage:
80 g Kartoffeln, geschält
60 g Steinpilze, geputzt
80 g Butterschmalz
Meersalz
frisch gemahlener weißer Pfeffer
Muskat

Garniervorschlag:
einige Kerbelblättchen

Geschälte Kartoffeln in Salzwasser garen, abgießen, durch eine Kartoffelpresse drücken oder durch ein Sieb streichen.
Zurück in den Topf geben und noch heiß mit der Butter sowie der Sahne glattrühren.
Die Brühe zugeben, die Suppe aufkochen lassen und mit dem Schneebesen gut verrühren.
Mit Muskat, Salz und Pfeffer abschmecken.
Für die Einlage die Kartoffeln in kleine Würfel und die Pilze in Scheiben schneiden.
Die Kartoffelwürfel 3-4 Minuten in heißem Butterschmalz knusprig und goldbraun braten.
Die Pilzscheiben zugeben, unter Rühren mitdünsten und mit Salz, Pfeffer sowie Muskat würzen.
Die Suppe mit der abgetropften Kartoffel-Pilz-Mischung anrichten und mit Kerbelblättchen garnieren.

Ein Tip von Bocuse:
Ersetzen Sie die Steinpilze durch Pfifferlinge oder nehmen Sie, sozusagen als Krönung, 30 g frische weiße Trüffel: Gründlich unter fließendem kalten Wasser sauberbürsten und kurz vor dem Servieren roh über die Kartoffelsuppe hobeln.

Die gekochten Kartoffeln durch eine Presse drücken oder durch ein Sieb streichen.

Die gepreßten Kartoffeln noch heiß mit der Butter zu einem Püree verrühren...

...und die Sahne untermischen. Die Kartoffelmasse mit einem Schneebesen glattrühren.

Dann die Brühe dazugeben und die Suppe unter Rühren aufkochen lassen. Abschmecken.

WINTERGEMÜSE

Bocuse empfiehlt dazu einen milden, dezenten Weißwein, z. B. aus Baden: 1986er Auggener Schäf, Gutedel trocken. Ein Qualitätswein b. A.

GEFÜLLTE OFENKARTOFFELN

4 große neue Kartoffeln, mehlig kochend
ca. 250 g Meersalz
50 g durchwachsener Speck, gewürfelt
1 kleine Schalotte, geschält, gehackt
3 TL Petersilie, gehackt
1 EL Kerbel, gehackt
1 EL Schnittlauch, fein geschnitten

20 g Butter
3 EL süße Sahne
30 g schwarze Trüffel, aus der Dose, gewürfelt
Salz
frisch gemahlener weißer Pfeffer
Muskat
1 Eigelb
2 EL Vollmilch

Für dieses Gericht die Kartoffeln nicht schälen, sondern gründlich waschen, auf ein Salzbett in einer feuerfesten Schale legen und im vorgeheizten Backofen bei 180 Grad etwa eine Stunde garen.
Die Kartoffeln herausnehmen und das obere Drittel von jeder Kartoffel der Länge nach wie einen Deckel abschneiden.
Das untere Kartoffelteil so aushöhlen, daß eine etwa ½ cm dünne Wand zurückbleibt. Sie können den Kartoffeldeckel nach Belieben ebenfalls aushöhlen. Das Kartoffelinnere zerdrücken und warm stellen.
Den Speck etwas anrösten und die gehackte Schalotte kurz mitdünsten.
Mit den feingeschnittenen Kräutern mischen.
Die Butter und die Sahne unter das Kartoffelinnere rühren, die Speck-Kräuter-Masse und die Trüffel untermischen.
Mit wenig Salz, Pfeffer und Muskat würzen und in die ausgehöhlten Kartoffeln füllen.
Nach Belieben den Kartoffeldeckel daraufsetzen.
Das Eigelb mit der Milch verquirlen und die gefüllten Kartoffeln damit bestreichen.
Im vorgeheizten Backofen bei möglichst starker Oberhitze goldbraun überbacken.
Als Vorspeise eine, als Hauptspeise je zwei gefüllte Ofenkartoffeln servieren.
Nach Belieben mit hauchdünn geschnittenen Trüffelscheiben garnieren.

Das untere Teil der Kartoffeln bis auf einen halben Zentimeter Rand aushöhlen.

Das Kartoffelinnere mit der Speck-Kräuter-Masse und den Trüffeln vermischen, würzen.

Diese Füllung gleichmäßig in die ausgehöhlten Kartoffeln verteilen.

Nach Belieben den Kartoffeldeckel obenauf setzen, die Kartoffeln mit der Eigelb-Milch bestreichen und goldbraun überbacken.

WINTERGEMÜSE

Bocuse empfiehlt dazu z. B. einen leichten Frankenwein: 1986er Casteller Bausch, Silvaner Kabinett trocken. Ein Qualitätswein mit Prädikat.

ÜBERBACKENE RÖSTI

100 g Lauch, geputzt
20 g Butter
100 g Pfifferlinge, geputzt
Meersalz
frisch gemahlener Pfeffer
Muskat
1 TL Weißwein
100 g Crème double

2-3 große Kartoffeln, geschält
1 TL Petersilie, gehackt
1 TL Kerbel, gehackt
4 EL Butterschmalz

Teigdeckel:
1 tiefgefrorene Blätterteigplatte, aufgetaut
etwas Mehl zum Ausrollen
1 Ei zum Bestreichen

Gesäuberten Lauch in feine Streifen schneiden und in heißer Butter andünsten.
Die Pfifferlinge zugeben, kurz mitdünsten, mit Salz, Pfeffer und Muskat würzen.
Mit dem Weißwein ablöschen, die Crème double unterrühren und alles einkochen lassen.
Die gesäuberten Kartoffeln grob raspeln oder in streichholzförmige Streifen schneiden.
Die Kräuter untermischen, mit Salz und Pfeffer würzen.
Das Butterschmalz in einer Pfanne erhitzen, die Kartoffelstreifen einstreuen, etwas andrücken und von beiden Seiten goldbraun braten.
Für den Teigdeckel die Blätterteigplatte auf einer bemehlten Arbeitsfläche hauchdünn ausrollen.
Das überschüssige Bratfett der Rösti abgießen; die Rösti in der Pfanne lassen.
Die Lauch-Pfifferling-Masse auf der Rösti verteilen. Den Blätterteig vorsichtig darüberlegen und mit dem verquirltem Ei bestreichen.
Die Pfanne nun in den vorgeheizten Backofen schieben und die Rösti bei 220 Grad etwa 8-10 Minuten überbacken.
Die überbackene Rösti anschließend in Portionen schneiden und anrichten.
Als Beilage paßt ein gemischter Salat dazu.

Die Lauch-Pfifferling-Masse auf der gebratenen Rösti in der Pfanne verteilen.

Den hauchdünn ausgerollten Blätterteig vorsichtig wie einen Deckel darauflegen.

Die Teigoberfläche gleichmäßig mit dem verquirlten Ei bestreichen.

Im vorgeheizten Backofen bei 220 Grad 8-10 Minuten goldbraun überbacken.

WINTERGEMÜSE

Bocuse empfiehlt dazu einen Weißwein, z. B. aus Württemberg: 1986er Fleiner Eselsberg, Kerner Kabinett trocken. Ein Qualitätswein mit Prädikat.

KARTOFFELPUFFER MIT SCHNECKEN

3 große Kartoffeln
Meersalz
frisch gemahlener Pfeffer
2-3 EL Butter

Schnecken:
40 Schnecken aus der Dose
30 g Butter
1 TL Schnittlauchröllchen
1 EL Estragon, gehackt
1 EL Petersilie, gehackt
1 TL Basilikum, gehackt
Meersalz
frisch gemahlener Pfeffer

Garniervorschlag:
5 Champignonköpfe, geputzt und in feine Streifen geschnitten

Die geschälten Kartoffeln grob raspeln oder in streichholzdünne Stifte schneiden. Mit Küchenpapier trockentupfen und würzen.
In heißer Butter nach und nach vier Kartoffelpuffer braten; vorsichtig wenden.
Die fertigen Kartoffelpuffer herausnehmen und warm stellen.
Die Schnecken abtropfen lassen und mit Küchenpapier trockentupfen.
In heißer Butter anbraten, die gehackten Kräuter dazugeben und alles abschmecken.
Die Kartoffelpuffer mit den Schnecken anrichten und mit den Champignonstreifen bestreuen.

Ein Tip von Bocuse:
Wenn Sie frische Schnecken bekommen, wird dieses Gericht zu einem besonderen Genuß. Dafür die Schnecken in reichlich kochendes Wasser geben, kurz durchkochen lassen und in ein Sieb schütten. Das Schneckenfleisch aus den Häuschen ziehen und den Darm entfernen. Das Fleisch mit ca. 200 g Salz vermischen und eine Stunde durchziehen lassen, damit sich der Schleim löst.
Dann unter fließendem kalten Wasser waschen.
Etwa 2 l Wasser mit einem Bund geputztem, gewürfeltem Suppengemüse, einigen Pfefferkörnern, einem Lorbeerblatt und einem Viertelliter Weißwein aufkochen, die Schnecken zugeben und ca. 2 Stunden kochen, damit sie schön zart werden. Die übrige Zubereitung bleibt gleich.

Die Kartoffeln grob raspeln oder in streichholzdünne, kleine Stifte schneiden.

Die Kartoffelraspel mit Küchenpapier trockentupfen und mit Salz und Pfeffer würzen.

In heißer Butter nach und nach vier kleine Kartoffelpuffer braten, vorsichtig wenden.

Die Schnecken in Butter anbraten, die gehackten Kräuter zugeben und alles abschmecken.

WINTERGEMÜSE

Bocuse empfiehlt dazu einen angenehm trockenen Weißwein, z. B. von der Nahe: 1986er Kreuznacher Kronenberg, Müller-Thurgau Kabinett trocken. Ein Qualitätswein mit Prädikat.

ZWIEBELKUCHEN

Teig:
240 g Mehl
1 Ei
170 g Butter
1 Prise Meersalz
etwas Mehl zum Ausrollen
etwas Butter für die Form

Belag:
60 g durchwachsener Speck
170 g Zwiebeln
4 Eier
0,2 l Vollmilch
0,4 l süße Sahne
Muskat
frisch gemahlener Pfeffer
Meersalz
1 EL geraspelter Allgäuer Emmentaler

Alle Zutaten für den Teig miteinander glattkneten, in Klarsichtfolie einschlagen und eine halbe Stunde im Kühlschrank ruhenlassen.
Für den Belag den Speck in Würfel schneiden, die Zwiebeln schälen und in feine Streifen schneiden.
Speck und Zwiebeln in leicht gesalzenem, kochendem Wasser 3-4 Minuten blanchieren, damit den Zwiebeln die Schärfe und dem Speck das Salz entzogen wird.
In der Zwischenzeit die Eier mit der Milch und der Sahne verquirlen.
Mit Muskat, Pfeffer und wenig Salz würzen.
Speck und Zwiebeln zum Abtropfen in ein Sieb schütten und mit einem sauberen Tuch gut ausdrücken.
Den Teig aus der Folie wickeln. Die Teigmenge reicht etwa für zwei Zwiebelkuchen. Die Hälfte des Teiges auf einer bemehlten Arbeitsfläche dünn ausrollen und mit Hilfe des Rollholzes in eine gebutterte Zwiebelkuchen- oder Tarteform legen.
Den Teig in die Form drücken und den überstehenden Teigrand mit Hilfe des Rollholzes entfernen. Den übrigen Teig mit der zweiten Teighälfte zusammenkneten, in Folie wickeln, kühl stellen oder einfrieren.
Die Speck-Zwiebel-Mischung gleichmäßig in der Form verteilen, den Käse darüberstreuen und alles mit dem verquirlten Guß übergießen.
Im vorgeheizten Backofen bei 180-200 Grad 40-45 Minuten backen.
Garprobe: Ein Holzspießchen in der Mitte des Zwiebelkuchens einstechen; es soll trocken bleiben.
Den Zwiebelkuchen zum Servieren in Tortenstücke schneiden. Nach Belieben mit etwas Schnittlauch garnieren.

Den ausgerollten Teig in die gebutterte Form legen und gleichmäßig andrücken.

Den überstehenden Teig mit Hilfe des Rollholzes abrollen und entfernen.

Die blanchierte Speck-Zwiebel-Mischung in der Form verteilen, mit dem Käse bestreuen.

Den vorbereiteten Guß darübergießen. Im vorgeheizten Backofen bei 180-200 Grad in 40-45 Minuten goldbraun backen.

OBST

Dichter aller Zeiten bedienten sich des Obstes, wenn sie Dinge sagen wollten, die man schicklicherweise nicht sagt. Sie besangen Kirschlippen und Pfirsichhaut, die Äpfelchen oder Birnen ihrer Liebsten. Pflaume und Feige galten als eindeutige Symbole. Und wenn Verse-Strolch François Villon aufseufzte: „Ich bin so wild nach deinem Erdbeermund!" — dann wußte jedermann, daß ihm nach Fleisch und nicht nach Obst gelüstete.

Auch die beiden berühmtesten Obstkreationen sind verführerischen Damen gewidmet. Den "Pfirsich Melba" erfand Escoffier für die hinreißende Opern-Primadonna Nelly Melba. Und die "Birne Helene" war das Werk eines namenlosen Kochs für Jacques Offenbachs Operettenstar Hortense Schneider, die als "Schöne Helena" zum Liebling des Pariser Publikums avancierte.

Auf der anderen Seite kommen die Früchte keineswegs immer als Früchtchen daher, sondern rotwangig wie die Unschuld vom Lande. Kinder hängen sich Kirschen an die Ohren, und was gäb's bürgerlich-betulicheres als Mutterns Zwetschgenkuchen, Omas selbstgemachtes Pflaumenmus und was Keuscheres als das "Errötende Mädchen" — jene Süßspeise aus Preiselbeeren.

Das ganze schillernde Image des Obstes verdeutlicht der Apfel. Die brave Granny Smith, der biedere Cox Orange aus dem Supermarkt haben's nämlich faustdick hinter der Schale. Mal wird Schneewittchen schnöde damit vergiftet, mal genießt er allerhöchstes Ansehen als Reichsapfel. Mal ist er Symbol für Weihnachten, mal kann man ihn auf dem Jahrmarkt als glasierten Liebesapfel kaufen. Als Äppelwoi berauscht er die Hessen, in der Schublade inspirierte sein Duft Schiller zu unsterblichen Stücken.

Sicher werden die Früchte auch deshalb so geliebt, weil sie alles mit sich machen lassen. Sie können frisch vom Baum oder Strauch gegessen werden. Sie schmecken gekocht, gedünstet oder gebraten.

Sie können warm oder kalt serviert werden. Sie verwandeln sich in Sorbets und Pürees, in Gelees und Füllungen, in Kompotts und Grützen.

Ein weiteres kommt hinzu. Früchte waren früher das Fleisch der Armen. Was am Wegesrand wuchs, gab die Natur gratis. Frechere pflückten die Kirschen in Nachbars Garten, obwohl mit dem ja nicht gut Kirschen essen ist.

Kein Wunder also, daß rund um das Obst ein vielfältiger Garten von Gerichten heranwuchs: Ingwerbirnen und Quittenpaste, Erdbeerbowle und Hollerküchle, rote Grütze und grün eingelegte Nüsse, Stachelbeer-Konfitüre und Kirschplotzer, Schlesisches Himmelreich und Birnen, Bohnen und Speck. Die häusliche Speisekarte folgte dabei dem Kalender. Aber schon früh ließen sich die Jahreszeiten überlisten. Man konnte Obst trocknen fürs weihnachtliche Hutzelbrot oder in Gläsern haltbar einmachen für den ganzen langen Winter.

Eine der schönsten Eigenschaften des Obstes aber ist, daß man es auch trinken kann. Als Saft, vor allem jedoch im vergorenen oder gebrannten Zustand. Wo wäre unsere ganze Eßkultur, hätten nicht die Römer schon aus Trauben bei uns Wein gekeltert! Und die zahllosen Sorten Obstwasser, die es gibt, nennen die Franzosen nicht ohne Grund "Eau de vie" — Lebenswasser...

> 66 Obst begleitet uns fast das ganze Jahr über und so sollte es auf dem Tisch auch die Jahreszeit widerspiegeln: Ob als herbstliches Kompott, winterlich in Alkohol eingelegt, frühlingsfrisch oder hochsommerlich reif. Wir haben uns heute sehr daran gewöhnt, daß man jede tropische Frucht einfliegen kann. Dabei gibt es doch nichts besseres als das, was aus dem eigenen Garten kommt. Ich erinnere mich an ein Gericht meiner Großmutter. Sie sammelte alles im Garten ein, was nicht richtig reif werden wollte, schnitt es klein, sautierte es mit Butter wie Bratkartoffeln und gab Zucker darüber. Ein Gedicht. 99

OBST

Des Sommers rote Ouvertüre — ein Fanfarenstoß an Gaumenlust: Was kann es Köstlicheres geben, als eine frisch gepflückte, noch sonnenwarme Erdbeere im Mund zu zerdrücken! Da muß ein Rezept schon sehr raffiniert sein, um diesen sehr einfachen Genuß zu überbieten... (Buttermilch-Kaltschale Seite 184).

OBST

Gaumenkitzel für den sanften Schmelz der Birne: Im Tanninbad des Rotweins saugt sie sich voll mit Nelkenwürze, Zimtsüße, Gerbstoffen und Rebenrausch. Da muß man wohl als deutsche Birne erröten...

181

OBST

Verführung auf nostalgische Art: Wenn seine Schale sich bräunlich runzelt, dann kommt aus der Backröhre dieser unwiderstehliche Tischlein-deck-dich-Duft. Es ist der Bratapfel, ein deutsches Märchen zum Essen (Rezept Gänsebraten Seite 76).

183

OBST

Bocuse empfiehlt dazu als Aperitif einen Weißwein, z. B. aus dem Gebiet Mosel-Saar-Ruwer: 1985er Erdener Treppchen, Riesling halbtrocken. Ein Qualitätswein b. A.

BUTTERMILCH-KALTSCHALE

1 Eigelb
1 EL Essig
1 Prise Salz
0,1 l Öl
250 g Erdbeeren, geputzt
0,1 l Sekt
⅛ l süße Sahne
300 g Buttermilch
etwas Zitronensaft

Garniervorschlag:
Erdbeerscheiben
Zitronenmelisse

Eigelb mit Essig und Salz cremig schlagen, dabei das Öl ganz langsam einlaufen lassen, so daß eine Mayonnaise entsteht.
Die Hälfte der Erdbeeren in grobe Stücke schneiden, in einen Mixer geben und den Sekt aufgießen.
Kurz durchmixen, nach und nach die Sahne und die Buttermilch dazugießen und mitmixen.
Die Buttermilchmischung unter ständigem Rühren mit der vorbereiteten Mayonnaise vermischen und mit Zitronensaft pikant abschmecken.
Im Kühlschrank gut durchkühlen lassen.
Die übrigen Erdbeeren in kleine Würfel schneiden und auf vier vorgekühlte Suppenteller verteilen. Die Buttermilch-Kaltschale darübergießen.
Nach Belieben mit einigen Erdbeerscheiben und Zitronenmelisseblättchen garnieren.
Diese pikante Kaltschale ist ausgezeichnet als sommerliche Vorspeise geeignet.

Eigelb, Essig und Salz cremig schlagen. Dabei nach und nach das Öl unterschlagen.

Die Erdbeerstücke und den Sekt in einen Mixer geben und pürieren.

Nacheinander die Sahne und die Buttermilch zugeben und untermixen.

Die Buttermilchmischung mit der vorbereiteten Mayonnaise verrühren, pikant abschmecken.

OBST

Bocuse empfiehlt dazu einen reifen Rieslingwein mit betonter Süße, z. B. aus dem Rheingau: 1985er Winkeler Jesuitengarten, Riesling Spätlese. Ein Qualitätswein mit Prädikat.

APRIKOSEN-JOGHURT-QUARK

400 g reife Aprikosen
90 g Zucker
etwas Zitronensaft
150 g Erdbeeren
300 g Quark
100 g Joghurt
⅛ l süße Sahne

<u>Garniervorschlag:</u>
Erdbeeren
Aprikosenspalten

Die Aprikosen kurz in kochendes Wasser geben, in eiskaltem Wasser abkühlen und die Haut vorsichtig abziehen.
Die Früchte vierteln, entsteinen und das Fruchtfleisch in mundgerechte Würfel schneiden.
In einer Schüssel mit 40 g Zucker und etwas Zitronensaft marinieren.
Die Erdbeeren putzen, in Scheiben schneiden, mit einigen Tropfen Zitronensaft und einem Teelöffel Zucker ebenfalls marinieren.
Den Quark gut mit einem Tuch ausdrücken, so daß er schön trocken wird.
In einer Schüssel mit dem Joghurt und dem übrigen Zucker cremig rühren.
Die Sahne steif schlagen und vorsichtig unterheben.
Die Aprikosenstücke einschließlich der Marinade ebenfalls untermischen.
Den Aprikosen-Joghurt-Quark auf vier tiefe Teller verteilen, jeweils eine Erdbeere in die Mitte setzen und rundherum mit einigen Aprikosenspalten sowie den marinierten Erdbeeren garnieren.

Den Quark gründlich mit einem sauberen Tuch ausdrücken, damit er trocken wird.

Quark, Joghurt und Zucker cremig rühren. Die Sahne steif schlagen und unterheben.

Die marinierten Aprikosenwürfel zu der Joghurt-Quark-Masse geben.

Ebenfalls vorsichtig unterheben. Den fertigen Aprikosen-Joghurt-Quark anrichten.

OBST

Bocuse empfiehlt dazu einen würzig-aromatischen Weißwein, z. B. aus der Rheinpfalz: 1985er Ilbesheimer Herrlich, Scheurebe Spätlese. Ein Qualitätswein mit Prädikat.

CHARLOTTE VON WILLIAMS BIRNEN

Für 5 Portionen
1 kg reife Williams Christbirnen
1 l leichter Läuterzucker, aus 1 l Wasser und 300 g Zucker

Saft von 1½ Zitronen
etwas unbehandelte Zitronenschale
1 Blatt Pfefferminze
⅛ l Weißwein
⅛ l trockener Sekt
2 Blatt weiße Gelatine
4 EL Williams-Christbirnen-Geist
2 Eiweiß
30 g Zucker

Johannisbeersoße:
220 g schwarze Johannisbeeren, verlesen
3 EL Zucker, je nach Säure der Beeren
2 EL Johannisbeerlikör

Garniervorschlag:
Johannisbeeren
Pfefferminzblättchen

Birnen schälen, halbieren und entkernen. In einem Topf Läuterzucker, Saft einer Zitrone, Zitronenschale, Pfefferminze sowie zwei Drittel vom Wein und Sekt aufkochen.
Fünf Birnenhälften hineingeben und 5-6 Minuten darin gar ziehen lassen.
Die übrigen Birnen in Stücke schneiden, mit dem übrigen Sekt, Wein und Zitronensaft zu einem Mus verkochen.
Die Gelatine in kaltem Wasser einweichen.
Die pochierten Birnenhälften aus dem Sud nehmen und abkühlen lassen. Dann der Länge nach in feine Scheibchen schneiden und fünf Portionsförmchen fächerförmig damit auslegen.
Das Birnenmus (ca. 250 g) durch ein Sieb streichen, den Birnengeist unterrühren und die ausgedrückte Gelatine darin auflösen. In einem eiskalten Wasserbad abkühlen lassen.
Das Eiweiß steif schlagen, den Zucker dabei einrieseln lassen und den Eischnee unter das Birnenmus heben. In die Förmchen geben und ca. 2 Stunden kühl stellen.
Für die Soße Johannisbeeren, Zucker und Johannisbeerlikör mixen und durch ein Sieb streichen. Nach Belieben mit etwas Johannisbeersaft verdünnen, falls die Soße zu dick ist.
Die Charlotte vorsichtig stürzen und auf der Johannisbeersoße anrichten.
Nach Belieben mit einigen Johannisbeeren und Pfefferminzblättchen garnieren.

Die Portionsförmchen mit den dünnen Birnenscheiben fächerförmig auslegen.

Das Birnenmus im eiskalten Wasserbad unter ständigem Rühren abkühlen lassen.

Den Eischnee vorsichtig unter das leicht gelierende Birnenmus heben.

Die Birnenmus-Schaumcreme in die mit den Birnenscheiben ausgelegten Förmchen geben und für etwa 2 Stunden in den Kühlschrank stellen.

OBST

Bocuse empfiehlt dazu einen feinaromatischen Weißwein, z. B. aus Württemberg: 1985er Heilbronner Staufenberg, Kerner Spätlese. Ein Qualitätswein mit Prädikat.

BIRNEN MIT KÄSECREME

2 mittelgroße Birnen
etwas Zitronensaft
⅛ l trockener Weißwein
⅛ l Sekt
2 EL Zucker
½ Vanillestange, längs halbiert
250 g Blätterteig
etwas Butter für das Backblech
1 Ei zum Bestreichen
Puderzucker

Käsecreme:
40 g Blauschimmelkäse
15 g Weißbrotbrösel
2 Walnußkerne, gehackt
frisch gemahlener Pfeffer
Salz

Soße:
150 g Doppelrahm-Frischkäse
etwas Zitronensaft
1 Prise Zucker
frisch gemahlener Pfeffer
Salz
80 g Schlagsahne

Garniervorschlag:
Pfefferminzblättchen
Pistazienkerne, gehackt

Beide Birnen schälen, halbieren und die Kerngehäuse mit einem Kugelausstecher entfernen. Die Birnen mit Zitronensaft beträufeln, damit sie nicht braun werden.
In einem Topf Weißwein, Sekt, Zucker und Vanillestange zum Kochen bringen.
Die Birnen darin 5-6 Minuten lang pochieren.
Für die Käsecreme den Blauschimmelkäse mit einer Gabel zerdrücken und mit den Weißbrotbröseln, den Walnüssen, etwas Pfeffer sowie einer Messerspitze Salz vermischen.
Die Birnen abtropfen lassen und sorgfältig mit Küchenpapier trockentupfen.
Den Blätterteig auf einer bemehlten Arbeitsfläche 3 mm dick ausrollen.
Aus einem Stück Pappe eine birnenförmige Schablone, etwas größer als die Birnenhälften, anfertigen. Die Schablone auf den ausgerollten Blätterteig legen und den Teig rundherum ausschneiden.
Die Blätterteigbirnen auf ein gebuttertes Blech legen, mit verquirltem Ei bestreichen.
Die vorbereitete Käsecreme in die Birnenhälften füllen und andrücken.
Mit der Füllung nach unten auf den Blätterteig legen und im vorgeheizten Backofen bei 180 Grad 10-12 Minuten backen.
Für die Soße alle Zutaten miteinander glattrühren und pikant abschmecken; auf vier Teller verteilen.
Die Birnen vorsichtig vom Backblech heben, mit Puderzucker bestäuben und auf die Soße plazieren. Mit Pfefferminzblättchen und gehackten Pistazienkernen garnieren.

Mit Hilfe einer Pappschablone birnenförmige Blätterteigstücke ausschneiden.

Auf ein gebuttertes Backblech legen und mit verquirltem Ei bestreichen.

Die vorbereitete Käsecreme in die Birnenhälften hineinfüllen.

Mit der Füllung nach unten auf die Blätterteigbirnen legen, im vorgeheizten Backofen bei 180 Grad 10-12 Minuten backen.

OBST

Bocuse empfiehlt dazu einen milden Weißwein oder eine Tasse Kaffee.

RUMAUFLAUF MIT ROTWEINBIRNE

Rotweinbirnen:
½ Vanillestange
½ Stange Zimt
1 Gewürznelke
¼ l Rotwein
80 g Zucker
Saft je einer halben
Zitrone und Orange
500 g reife Birnen

Rumauflauf:
120 g weiche Butter
80 g Zucker
2 Eigelb
40 g Haselnüsse,
 gerieben, geröstet
30 g Schokolade,
 gerieben
1 Msp. Backpulver
1 Msp. Zimt
80 g Mehl
1 EL Rum
3 Eiweiß
etwas Butter für die
Förmchen
1 EL Semmelbrösel

Für die Rotweinbirnen sämtliche Zutaten bis auf die Birnen in einem Topf aufkochen.
Die Birnen schälen, halbieren und die Kerngehäuse mit einem Kugelausstecher entfernen. Die Stiele und harten Fasern herausschneiden.
Die Birnenhälften in den kochenden Rotweinsud geben, den Topf beiseite stellen und alles ca. 6 Stunden durchziehen lassen.
Für den Rumauflauf die Butter mit der Hälfte des Zuckers schaumig rühren.
Nach und nach das Eigelb unterrühren.
Haselnüsse, Schokolade, Backpulver, Zimt und Mehl mischen; zusammen mit dem Rum unter die Butter-Eigelb-Masse rühren.
Das Eiweiß steif schlagen, den übrigen Zucker dabei einrieseln lassen und den Eischnee vorsichtig unter die Auflaufmasse heben.
Vier Portionsförmchen buttern und mit Semmelbröseln ausstreuen.
Die Auflaufmasse in die Förmchen geben und in einem Wasserbad im vorgeheizten Backofen bei 180 Grad ca. 18-20 Minuten backen.
Die Birnen aus dem Sud nehmen, mit Küchenpapier trockentupfen und mit der Schnittseite nach unten auf die Arbeitsfläche legen.
Die Birnenhälften am Stielende festhalten und längs in Scheiben schneiden; das Stielende bleibt ungeschnitten.
Mit der Hand auf die eingeschnittenen Birnenhälften drücken, so daß ein Birnenfächer entsteht.
Die Birnen auf vier Tellern anrichten und etwas von dem Sud darübergeben.
Den Rumauflauf vorsichtig stürzen, ebenfalls auf die Teller plazieren. Nach Belieben mit Zitronenmelisse oder Pfefferminze und Puderzucker garnieren.

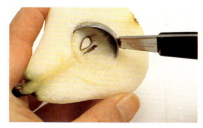

Das Kerngehäuse der geschälten, halbierten Birnen mit einem Kugelausstecher entfernen.

Die im Rotweinsud marinierten Birnenhälften abtropfen lassen.

Mehrmals senkrecht einschneiden. Das Stielende ungeschnitten lassen.

Auf die Birnenhälfte drücken, so daß ein Fächer entsteht.

OBST

Bocuse empfiehlt dazu einen Weißwein, z. B. aus der Rheinpfalz: 1986er Kallstadter Kobnert, Bacchus Spätlese. Ein Qualitätswein mit Prädikat.

ÜBERBACKENE ORANGEN

6 unbehandelte Orangen
3 EL Orangenlikör
2 Eigelb
25 g Zucker
40 g Puderzucker
40 g Magerquark
100 g Schlagsahne
2 Eiweiß

Eine Orange mit einem Orangenschäler rundherum einriefen, insgesamt achtmal dünne Streifen abschälen, so daß ein Muster entsteht. Diese Orange längs halbieren, die Hälften in dünne Scheiben schneiden und beiseite stellen.

Die übrigen Orangen einschließlich der weißen Innenhaut schälen.

Die einzelnen Orangenfilets zwischen den Trennhäuten herausschneiden, den Saft dabei auffangen und die Orangenreste gut ausdrücken.

Die Orangenfilets mit der Hälfte des Orangenlikörs, dem Orangensaft und nach Belieben mit etwas Puderzucker marinieren.

Das Eigelb mit dem Zucker sowie dem Puderzucker schaumig rühren.

Den Quark und die Schlagsahne untermischen.

Das Eiweiß steif schlagen, den Eischnee nach und nach unter die Quark-Sahne-Masse heben und alles mit dem übrigen Orangenlikör aromatisieren.

Die marinierten Orangenfilets auf vier tiefe Teller verteilen und die Quark-Sahne-Masse darübergeben.

Unter einem vorgeheizten Grill goldgelb überbacken, dabei ständig beobachten, um eine zu starke Bräunung zu vermeiden.

Vor dem Servieren die halben Orangenscheiben um die überbackenen Orangen herumlegen und nach Belieben mit Puderzucker bestreuen.

Eine Orange rundherum einriefen, längs halbieren und in dünne Scheiben schneiden.

Die übrigen Orangen einschließlich der weißen Innenhaut sorgfältig schälen.

Die Orangenfilets zwischen den Trennhäuten herausschneiden, die Reste gut ausdrücken.

Die Orangenfilets mit dem Saft, der Hälfte des Orangenlikörs und nach Belieben mit etwas Puderzucker marinieren.

SÜSSSPE

Niemand darf sich wundern, daß der Zucker den Puritanern seit jeher verdächtig war. Die scheinbar simple Gleichung "Süß ist die Sünde" bekommt jene feine Glasur von Wahrscheinlichkeit, wenn man sich zu Gemüte führt, was unsere Altvorderen über den Zucker dachten.

Gastrosophie-Klassiker Brillat-Savarin, der ja auch einiges von der Physiologie des Körpers verstand, bemerkte über den Zucker: „Wenn man ihn in Wein auflöst, erhält man ein anerkannt gutes Herzstärkungsmittel; in einigen Ländern wird das Röstbrot damit durchtränkt, das die Neuvermählten in der Hochzeitsnacht gereicht bekommen."

Dieser Wunderglaube, den wir heutzutage nur noch mild belächeln, ist ein letztes Echo auf die Vorgeschichte des Süßens. Was heute kaum noch jemand weiß, galt über Jahrtausende als unabänderliche Tatsache: Süßes war Luxus. Denn das einzige Produkt, das diesen begehrten Geschmack hervorbrachte, war der Honig.

Die erste Alternative entdeckten die Araber: Ihr Rohrzucker war bald in Europa so begehrt wie heute das Erdöl — nur daß er erheblich teurer war. Schlimmer noch: Die Herkunft aus den Ländern der Harems bestimmte fortan das Sünden-Image des Zuckers.

Bis in die Neuzeit waren solche Stimulanzen den oberen Zehntausend vorbehalten. Erst die Erfindung des billigen Rübenzuckers Ende des 18. Jahrhunderts demokratisierte die süße Lust im Mund. Das Dessert wurde für jedermann erschwinglich. Jeder Hausfrau stand mit einem Mal ein uraltes Konservierungsmittel zur Verfügung, dessen Wirkung die Konditoren sogar in ihrem Namen verewigten: "Condire" heißt im Lateinischen einmachen, würzen.

Die Puritaner freilich waren sauer über die süße Welle. Vor allem den Amerikanern war die Zuckerrübe nicht geheuer. Der Zuckerverfolgungswahn in den USA ging im 19. Jahrhundert so weit, daß die raffinierten süßen Körnchen verteufelt wurden wie später der Alkohol während der Prohibitionszeit. Gesüßt würde, wenn überhaupt, mit Ahornsirup. Zur Ersatzbefriedigung erlaubt waren Eiskrem und Kaugummi.

In der Zwischenzeit erdachten Europas Patissiers die klassischen Süßspeisen der Haute Cuisine — wie zum Beispiel die "Crêpes Suzette". Erfunden wurden die hauchdünnen Pfannküchlein, die mit Orangenlikör flambiert werden, vom Chef des Pariser Gourmet-Tempels "Marivaux" — aus Mitleid. In der benachbarten "Comédie Française" mußte nämlich Lustspielstar Suzette in einem Dauerbrenner Abend für Abend einen Teller voll dicker Pfannkuchen hinunterwürgen.

Süßes verführt, stärkt, tröstet und schmeckt immer nach mehr. Aber daß es auch spannend wie ein Thriller sein kann, fand Alfred Hitchcock heraus: „Die höchste Stufe der Spannung ist für mich erreicht, wenn ich durch das Schauglas eines Backofens beobachte, ob ein Soufflé gelingt oder nicht."

❝ Ein schönes Dessert sollte den krönenden Abschluß eines jeden Essens bilden. Es ist ein bißchen wie das Grande Finale einer Oper. Das Finale ist deshalb so wichtig, weil die Leute sich daran am besten erinnern. Ich persönlich liebe vor allem Crêpes, Waffeln und warme Desserts mit Reis und Grieß, wie sie unsere Mütter und Großmütter gekocht haben. ❞

SÜSSSPEISEN

Verjüngungskur für einen Oldtimer der österreichisch-böhmischen Mehlspeisen-Kultur: die Palatschinke mit Haselnuß-füllung und einem flotten Häubchen à la française — Sabayon von Williams-Birnen-Geist und Sekt.

SÜSSSPEISEN

Ein Wiener Walzer, mit französischem Esprit dirigiert: Pfannkuchen "Johann Strauß". Die besondere Note geben diesem duftig-knusprigen Gebilde Himbeere und Apfelsine mit Farbe und Fruchtsüße.

SÜSSSPEISEN

Ehrendoktorhut in Dessertkunst: Die bittere Süße der Schokolade und ihr zarter Biß verbinden sich mit der süßlichen Herbheit und der cremigen Konsistenz des Kastanienpürees zu optimaler Gaumenlust (Rezept Gefüllte Schokoladenblätter Seite 214).

203

SÜSSSPEISEN

Bocuse empfiehlt dazu einen Weißwein, z. B. von der Hessischen Bergstraße: 1985er Heppenheimer Schloßberg, Riesling Spätlese. Ein Qualitätswein mit Prädikat.

QUARKKNÖDEL MIT APRIKOSENKOMPOTT

650 g Magerquark
50 g weiche Butter
3 Eier
1 Prise Salz
4 EL Zucker
140 g Weißbrot, gerieben
1 unbehandelte Zitrone

Aprikosenkompott:
500 g reife Aprikosen
½ l Wasser
70 g Zucker
1 kleine Zimtstange
1 Gewürznelke
Saft einer halben Zitrone
Schale einer halben unbehandelten Zitrone, dünn abgeschält

Butterbrösel:
100 g Butter
60 g Zucker
80 g Semmelbrösel
1 TL Zimt

Garniervorschlag:
Puderzucker
Pfefferminzblättchen

Für das Aprikosenkompott die Aprikosen waschen, halbieren und entsteinen.
In einem Topf sämtliche Zutaten für das Kompott zum Kochen bringen.
Die Aprikosen dazugeben und bei geringer Hitze ca. 20 Minuten gar ziehen lassen.
Für die Quarkknödel den Quark portionsweise mit einem sauberen Tuch ausdrücken, so daß er schön trocken ist.
Zuerst mit der weichen Butter, dann mit den Eiern, dem Salz, dem Zucker und dem geriebenen Weißbrot gut verrühren, kurz durchziehen lassen.
Zum Abreiben der Zitrone ein Stück Pergamentpapier um die Reibe wickeln.
Die Zitrone darauf abreiben, das Papier vorsichtig ablösen und die Zitronenschale mit einem Messerrücken vorsichtig abschaben.
Zitronenschale und -saft unter den Quarkteig rühren und die Masse 20 Minuten ruhenlassen.
Nochmals durchrühren, kleine Knödel formen und in kochendes Salzwasser geben. 15-20 Minuten darin gar ziehen lassen.
Für die Butterbrösel die Butter in einer Pfanne zerlassen und den Zucker darin auflösen. Die Semmelbrösel sowie den Zimt untermischen, kurz anrösten und die Masse beiseite stellen.
Die Quarkknödel gut abtropfen lassen, in den Butterbröseln wälzen und auf Tellern anrichten.
Zitronenschale, Zimtstange und Gewürznelke aus dem Kompott heraussuchen.
Das Kompott neben den Knödeln plazieren, mit Puderzucker und Pfefferminzblättchen garnieren.

Die Zitrone abreiben, das Papier abziehen und die Zitronenschale vorsichtig abschaben.

Aus dem fertigen Quarkteig nach und nach kleine Knödel formen.

In kochendes Salzwasser geben, 15-20 Minuten gar ziehen und danach gut abtropfen lassen.

Die Quarkknödel in den vorbereiteten Butterbröseln wälzen und mit dem Aprikosenkompott anrichten.

SÜSSSPEISEN

Bocuse empfiehlt dazu einen nicht zu kräftigen Rieslingwein, z. B. aus dem Gebiet Mosel-Saar-Ruwer: 1985er Ürziger Würzgarten, Riesling Auslese. Ein Qualitätswein mit Prädikat.

HASELNUSS-PALATSCHINKEN

60 g Mehl
6 EL Vollmilch
0,1 l süße Sahne
3 Eier
1 Prise Salz
Mark einer halben Vanillestange
Schale einer halben unbehandelten Zitrone, abgerieben

1 EL geklärte Butter, gebräunt
etwas Butter zum Backen

Füllung:
2 Eigelb
1 EL Puderzucker
40 g Hasel- oder Walnüsse, gerieben
2 Eiweiß
2 EL Zucker

Williams-Birnen-Schaum:
3 Eigelb
70 g Zucker
8 EL Weißwein
8 EL trockener Sekt
4 EL Williams-Birnen-Geist

Garniervorschlag:
1 Birne
1 EL Butter

Mehl, Milch, Sahne, Eier, Salz, Vanillemark und Zitronenschale miteinander verrühren. Die braune Butter untermischen und den Teig einige Zeit ruhenlassen.
Für die Füllung das Eigelb und den Puderzucker schaumig rühren und die Nüsse untermischen.
Das Eiweiß steif schlagen, dabei den Zucker langsam einrieseln lassen.
Den Eischnee nach und nach vorsichtig unter den Nußteig heben.
Für den Williams-Birnen-Schaum Eigelb, Zucker, Weißwein und Sekt im heißen Wasserbad schaumig aufschlagen, bis die Masse dicklich wird.
Den Birnengeist zugeben, nochmals gut durchschlagen und die Masse warm stellen.
Aus dem Palatschinkenteig in einer antihaftbeschichteten, mit Butter ausgepinselten Pfanne nach und nach hauchdünne Pfannkuchen backen.
Jeweils etwas von der Haselnußfüllung daraufgeben.
Die Palatschinken zur Hälfte übereinanderschlagen.
Je zwei gefüllte Palatschinken auf einem feuerfesten Teller oder einem gebutterten Backblech anrichten; mit etwas Williams-Birnen-Schaum überziehen.
Im vorgeheizten Backofen bei 180 Grad etwa 5 Minuten überbacken.
In der Zwischenzeit die Birne schälen, vierteln, entkernen und in dünne Scheiben schneiden.
Kurz in heißer Butter andünsten, nach Belieben zuckern; zusammen mit den Haselnuß-Palatschinken und dem übrigen warmen Williams-Birnen-Schaum servieren.

In einer mit Butter ausgepinselten Pfanne hauchdünne Palatschinken backen.

Die vorbereitete Haselnußfüllung auf die Palatschinken verteilen.

Die Palatschinken zur Hälfte übereinanderklappen und je zwei Stück aneinanderlegen.

Auf ein gebuttertes Backblech oder auf feuerfeste Teller legen und etwas Williams-Birnen-Schaum darübergeben. Bei 180 Grad ca. 5 Minuten überbacken.

SÜSSSPEISEN

Bocuse empfiehlt dazu einen Rieslingwein, z. B. vom Mittelrhein: 1985er Bacharacher Hahn, Riesling Spätlese. Ein Qualitätswein mit Prädikat.

GEBACKENE APFELSCHEIBEN

1 kg säuerliche Äpfel
Saft von 2 Zitronen
1 EL Rum
80 g Zucker
500 g Butterschmalz
Zimtzucker

Bierteig:
230 g Mehl
1 Prise Salz
15 g Zucker
¼ l Bier
2 Eigelb
50 g Butter, zerlassen
2 Eiweiß

Rumsahne:
¼ l süße Sahne
1 EL Zucker
4 EL Rum

Für den Bierteig das gesiebte Mehl mit dem Salz, dem Zucker und dem Bier glattrühren. Das Eigelb und die lauwarme Butter dazugeben. Etwa eine halbe Stunde an einem warmen Ort ruhenlassen.
Das Eiweiß steif schlagen und vorsichtig unterheben.
Die Äpfel schälen und mit einem Apfelausstecher die Kerngehäuse herausstechen.
Die unzerteilten Äpfel in 1 cm dicke Scheiben schneiden und mit Zitronensaft beträufeln, damit sie nicht braun werden.
Die Apfelscheiben mit Rum, Zucker und nach Belieben mit etwas Zimt marinieren.
Das Butterschmalz auf etwa 180 Grad erhitzen.
Die Apfelscheiben durch den Bierteig ziehen, abtropfen lassen und in das heiße Butterschmalz geben.
Sobald sich die im Fett liegende Seite goldbraun färbt, die Apfelscheiben vorsichtig umdrehen.
Die gebackenen Apfelscheiben auf Küchenpapier legen, um überschüssiges Fett aufzusaugen; danach im Zimtzucker wenden.
Für die Rumsahne die Sahne halbsteif schlagen, dabei den Zucker und den Rum zufügen.
Die Apfelscheiben mit der Rumsahne anrichten.

Die marinierten Apfelscheiben vorsichtig durch den Bierteig ziehen.

An einem Löffel- oder Gabelstiel abtropfen lassen und in das heiße Fett geben.

Sobald sich die im Fett liegende Seite goldbraun färbt, vorsichtig wenden.

Die gebackenen Apfelscheiben in einer Mischung aus Zimt und Zucker wenden.

SÜSSSPEISEN

Bocuse empfiehlt dazu einen Weißwein, z. B. vom Mittelrhein: 1982er Oberheimbacher Schloß Reichenstein, Riesling Auslese. Ein Qualitätswein mit Prädikat.

PFANNKUCHEN JOHANN STRAUSS

40 g Butter
20 g Mehl
20 g Speisestärke
1 Prise Salz
¼ l Vollmilch
3 Eigelb
3 Eiweiß
20 g Zucker
Butter zum Backen

Orangensoße:
1 unbehandelte Orange
1 unbehandelte Zitrone
Filets von 2 Orangen
5 EL Orangenlikör
250 g Himbeeren, verlesen

50 g Butter
80 g Zucker
0,4 l Orangensaft
1 Eigelb

Garniervorschlag:
einige Pistazienkerne, gehackt
Puderzucker

Butter erhitzen, Mehl, Speisestärke sowie Salz einstreuen und alles gut miteinander vermischen.

Die Milch unter ständigem Rühren dazugeben, alles zu einer glatten Masse verrühren und kurz aufkochen lassen.

Diesen Teig in eine Rührschüssel füllen und ein Eigelb nach dem anderen unterrühren.

Das Eiweiß steif schlagen, dabei den Zucker einrieseln lassen. Den Eischnee nach und nach vorsichtig unter den Teig heben.

Für die Orangensoße die Orange und Zitrone dünn abschälen und die Schale in feine Streifen schneiden. Oder die Schale mit einem Zestenreißer abziehen (abreißen).

Die Orangenfilets mit zwei Eßlöffel Orangenlikör marinieren und die Himbeeren untermischen.

Die Früchte beiseite stellen.

Die Butter zerlassen, den Zucker dazugeben und unter Rühren mittelbraun karamelisieren lassen.

Mit dem Orangensaft ablöschen, die Orangen- und Zitronenschalenstreifen dazugeben und die Flüssigkeit einkochen lassen.

In der Zwischenzeit in heißer Butter nach und nach acht kleine goldbraune Pfannkuchen backen und warm stellen.

Für die Orangensoße nun das Eigelb mit dem übrigen Orangenlikör verquirlen und die Soße damit binden.

Die marinierten Früchte kurz erwärmen.

Auf vier Teller jeweils einen Pfannkuchen legen und mit Früchten bedecken.

Je einen zweiten Pfannkuchen darauflegen und mit etwas Orangensoße übergießen.

Mit gehackten Pistazien und Puderzucker bestreut servieren.

Die Milch unter ständigem Rühren zur Mehlschwitze gießen, glattrühren und aufkochen.

Den Teig in eine Rührschüssel geben, nach und nach mit dem Eigelb verrühren.

Das Eiweiß mit dem Zucker steif schlagen und den Eischnee unter den Teig heben.

In heißer Butter nach und nach acht kleine goldbraune Pfannkuchen backen. Warm stellen.

SÜSSSPEISEN

Bocuse empfiehlt dazu einen reifen natursüßen milden Weißwein z. B. aus Rheinhessen: 1979er Niersteiner Gutes Domtal, Silvaner Auslese. Ein Qualitätswein mit Prädikat.

HALBGEFRORENES VON KAFFEE

Für 10 Portionen
230 g Zucker
5 EL Wasser
10 Eigelb
4 EL Mokkakaffee
0,1 l Rum
600 g Schlagsahne

Mascarponesoße:
3 Eigelb
60 g Puderzucker
160 g Mascarpone
(ital. Doppelrahm-Frischkäse)
2 TL Rum
1 EL Zitronensaft
150 g halbsteife
Schlagsahne

Garniervorschlag:
Erdbeeren oder
Walderdbeeren

Von dem Zucker 180 g abmessen, mit dem Wasser in einem Topf vermischen und aufkochen lassen. Den Zucker sirupartig einkochen lassen. Mit einem Löffel etwas Zuckersirup abnehmen. Er soll als dünner Faden vom Löffel laufen.
Das Eigelb mit dem übrigen Zucker schaumig rühren und den heißen Zuckersirup unter ständigem Rühren ganz langsam dazugeben.
Diese Masse unter Rühren abkühlen lassen.
Den kalten Mokkakaffee und den Rum untermischen und die Schlagsahne unterheben.
Alles in eine Kastenform füllen und für etwa 2-3 Stunden in ein Gefriergerät stellen.
Für die Mascarponesoße das Eigelb mit dem Puderzucker schaumig rühren.
Den Mascarpone unterrühren, mit Rum und Zitronensaft abschmecken und zum Schluß die Schlagsahne unterheben.
Die Soße auf vorgekühlte Teller verteilen.
Das Halbgefrorene stürzen, falls nötig, die Form zuvor kurz in heißes Wasser tauchen.
Das Halbgefrorene in ca. 2 cm dicke Scheiben schneiden; das Messer vor jedem Schnitt in heißes Wasser tauchen, damit glatte Scheiben entstehen.
Auf der Mascarponesoße anrichten, mit Erdbeeren und nach Belieben mit Zitronenmelisse garnieren.

Der eingekochte Zuckersirup soll als dünner Faden vom Löffel herablaufen.

Den Zuckersirup unter ständigem Rühren langsam zu der Eigelb-Zucker-Masse geben.

Unter ständigem Rühren abkühlen lassen, den Mokkakaffee und den Rum untermischen.

Die Schlagsahne unterheben und die Masse in eine Kastenform füllen. Etwa 2-3 Stunden im Gefriergerät gefrieren lassen.

SÜSSSPEISEN

Bocuse empfiehlt dazu einen
fülligen Rotwein,
z. B. aus Rheinhessen: 1985er
Ingelheimer Horn
Frühburgunder
Auslese trocken.
Ein Qualitätswein
mit Prädikat.

GEFÜLLTE SCHOKOLADENBLÄTTER

200 g dunkle Zartbitterkuvertüre

Kastanienmus:
400 g frische Eßkastanien
40 g Zucker
1 Prise Salz
½ l Crème double
3-4 EL Kirschwasser
2 Eiweiß
3 EL Schlagsahne

Haselnußsoße:
⅛ l Vollmilch
200 g heller Haselnußnougat
1 EL Haselnußlikör
6 EL Schlagsahne

Garniervorschlag:
Puderzucker
Pfefferminzblättchen

Für die Schokoladenblätter die Kuvertüre zerkleinern und in einer Metallschüssel im heißen Wasserbad auflösen. Unter ständigem Rühren abkühlen lassen.
Danach auf ca. 32 Grad erwärmen, auf eine mit Pergamentpapier ausgelegte Platte gießen und mit einer Palette gleichmäßig dünn darauf verstreichen.
Kurz kühl stellen.
Die feste, aber nicht zu harte Kuvertüre in 6 x 5 cm große Rauten schneiden. Auf dem Papier lassen und erneut kühl stellen.
Die Eßkastanien an der flachen Seite kreuzweise einritzen und in ca. 2 l Wasser mit 30 g von dem Zucker sowie einer Prise Salz 30-40 Minuten weich kochen.
Abgießen, die Kastanien halbieren und das Mark mit einem Teelöffel herausschaben.
Das Kastanienmark mit der Crème double kurz verkochen, mit dem Kirschwasser abschmecken, durch ein Sieb streichen und etwas abkühlen lassen.
Das Eiweiß zu Schnee schlagen, dabei den übrigen Zucker einrieseln lassen. Eischnee und Schlagsahne unter das Kastanienmus heben, in einen Spritzbeutel mit Sterntülle geben und kühl stellen.
Für die Soße die Milch erhitzen, den Nougat zugeben, darin auflösen und gut glattrühren.
Mit dem Nußlikör abschmecken, abkühlen lassen und zum Schluß die Schlagsahne unterheben.
Die Schokoladenblätter vorsichtig vom Papier lösen. Jeweils auf drei Blätter etwas Kastanienmus spritzen, diese übereinandersetzen und mit einem Schokoladenblatt belegen.
Die Haselnußsoße auf vorgekühlte Teller geben, die gefüllten Schokoladenblätter darauf anrichten, leicht mit Puderzucker bestäuben mit Pfefferminzblättchen garnieren.

Die aufgelöste Kuvertüre gleichmäßig dünn auf Pergamentpapier verstreichen.

Die Schokoladenblätter vorsichtig von dem Pergamentpapier lösen.

Auf je drei Schokoladenblätter etwas Kastanienmus spritzen; übereinandersetzen.

Als Abschluß ein Schokoladenblatt obenauf legen und nach Belieben Kastanienmus daraufspritzen.

KUCHEN

Lysistrata bediente sich zweier Waffen, um ihren Mann vom Kriegspielen abzubringen. Geredet wird indes immer nur von der einen: daß die frühemanzipierte Griechin ihrem Gatten das nächtliche Lager verweigerte. Darüber hinaus lehnte sie es aber auch ab, weiter ihre hochgelobten Mus-Torten zu backen.

Seit der Mensch gelernt hatte, die Spreu vom Weizen zu trennen und das Korn zu mahlen, zieht sich seine weiße Spur von der Steinzeit bis zur Dekadenz – vom Fladen zu jener Torte, mit der die USA 1976 ihren 200. Geburtstag feierten: 10 Meter hoch, 350 Zentner schwer.

Nicht immer ging es im Verlauf der Geschichte so friedlich zu wie im alten Ägypten oder Rom. Dem Pharao Ramses III. gaben seine Zeitgenossen vor über 3000 Jahren allerfeinste Kuchen als Wegzehrung auf die letzte Reise mit. Und die Römer stopften sich auf ihren Gelagen bereits genüßlich mit Käsekuchen und Rahmfladen voll.

Im Mittelalter verhärtete sich die Lage an der Mehlfront. Als Hunger Alltag war, wurde der Müller zum mächtigsten Mann im Dorf. Und zum meistgehaßten. Er hatte das Monopol des Mahlens – und des Mogelns beim Mahlen.

Nach der Französischen Revolution von 1789 waren in Paris die Lebensmittel so knapp, daß jeder als Volksschädling verurteilt wurde, der sich die Perücke auf überlieferte Weise mit Weizenmehl puderte.

Zwei Jahre danach brach in Bayern der sogenannte "Lebkuchenkrieg" aus. Italienische Zuckerbäcker hatten ihn ausgelöst, als sie die altehrwürdige Zunft der Lebzelter mit Billig-Lebkuchen unterwanderten. Mit Intrigen und

Repressalien, Verfügungen und Verboten wogte die Backschlacht siebzehn Jahre hin und her, bis Bayerns König Ludwig I. ein salomonisches Urteil sprach: Beide Parteien durften fortan Lebkuchen backen.

Noch länger dauerte die Sachertorten-Schlacht, in der sich die beiden Renommier-Caféhäuser Wiens bekriegten, wer das Original-Rezept habe. 1962 erst, nach einem Vierteljahrhundert Paragraphen- und Zutatenreiterei, entschied Österreichs oberstes Gericht, daß das Café Demel seine Sachertorten weiter "Sachertorten" nennen dürfe, das Hotel Sacher hingegen die seinen "Original-Sachertorten".

In der Zeit zwischen diesen beiden Backscharmützeln vollzog sich jedoch der eigentliche Siegeszug der Zuckerbäckerei. Neben den Bäckern begannen sich die Konditoren zu etablieren, die einander mit immer barockeren Teigkunstwerken auszustechen suchten.

Torten waren immer auch Gradmesser des jeweiligen Wohlstands. So verbreitete sich die deutsche Torte im ersten Weltkrieg plötzlich von ursprünglich 20–22 Zentimeter Durchmesser auf die heute noch üblichen 26. Dafür wurde sie in der Höhe um die Hälfte gekappt. Devise: mehr Teig als Füllung.

66 Die besten Kuchen und Torten werden in den Familien gebacken und nicht in den Konditoreien und den Patisserien der Restaurants. Ein schlichter Apfelkuchen im Herbst, eine fruchtige Torte mit roten Beerenfrüchten im Sommer, wenn diese ganz reif sind, oder eine pure Schokoladentorte — was kann es Schöneres geben! Meine persönlichen Favoriten sind Heidelbeeren, Himbeeren und Walderdbeeren. Von allen Früchten, die auf Bäumen wachsen, liebe ich die Aprikose am meisten. 99

KUCHEN

Bocuse' Buchteln sehen aus, wie alle Buchteln aussehen. Aber er wäre nicht Bocuse, hätten sie nicht einen besonderen Pfiff. Den entdeckt man freilich erst beim Reinbeißen: Es fehlt die obligatorische Konfitürenfüllung. Statt dessen: Holunderragout separat. Voilà!

KUCHEN

Das Wort Apfelkuchen ist eine höchst ungenügende Übersetzung dessen, was den Stolz französischer Hausfrauen ausmacht: der Apfeltarte. Hauchdünner Blätterteig drunter, Aprikosen-Konfitüre und Hagelzucker drüber und in der Sahne ein Schuß Rum...

KUCHEN

In der kreativen Küche erlebt der Mohn ein Comeback, von dem Oma, nicht mehr zu träumen gewagt hätte. Als Minikuchen mit extrem wenig Mehl ist Mohn ein idealer Partner für die feine Säure eines Zwetschgensorbets.

223

KUCHEN

Bocuse empfiehlt dazu einen reifen Rieslingwein, z. B. aus dem Rheingau: 1983er Hochheimer Hölle, Riesling Spätlese. Ein Qualitätswein mit Prädikat.

BUCHTELN MIT HOLUNDERRAGOUT

Holunderragout:
650 g Holunderbeeren, gezupft
70 g Gelierzucker
4 EL Wasser
Schale je einer unbehandelten Zitrone und Orange
3 entsteinte Zwetschgen
1 kleine Zimtstange

Buchteln:
260 g Mehl
25 g Hefe
40 g Zucker
0,2 l Vollmilch, lauwarm
40 g zerlassene Butter
1 Prise Salz

Schale einer unbehandelten Zitrone, abgerieben
2 Eigelb
60 g Walnußkerne, fein gehackt
60 g flüssige Butter zum Wenden
etwas Butter für die Form

Für das Holunderragout die Hälfte der Holunderbeeren mit dem Gelierzucker und etwas Wasser in einem Topf verrühren.
Die dünn abgeschälte Zitronen- und Orangenschale zugeben, langsam aufkochen lassen und die Zwetschgen sowie die Zimtstange zufügen.
Etwa 15 Minuten ziehen lassen, durch ein Sieb streichen und erneut erhitzen.
Die übrigen Holunderbeeren zugeben, weich dünsten, abkühlen lassen und ca. 1-2 Stunden in den Kühlschrank stellen.
Für die Buchteln das Mehl in eine Schüssel sieben, eine Vertiefung in das Mehl drücken und die zerbröckelte Hefe mit etwas Zucker und Milch darin verrühren.
Abgedeckt an einem warmen Ort gehen lassen.
Übrige Milch, Zucker, Butter, Salz, Zitronenschale und das Eigelb unterkneten.
Zum Schluß die Walnüsse zugeben und den Teig so lange kräftig schlagen, bis er Blasen bildet.
Abgedeckt gehen lassen, bis sich die Teigmenge etwa verdoppelt hat.
Den Teig nochmals durchkneten, auf einer bemehlten Arbeitsfläche zu einer Rolle formen und kleine Teigstücke davon abschneiden.
Die Teigstücke rundformen, durch die lauwarme Butter ziehen und dicht nebeneinander in eine gebutterte, feuerfeste Form setzen.
Abgedeckt nochmals aufgehen lassen.
Dann im vorgeheizten Backofen bei 180 Grad ca. 20 Minuten backen.
In der Zwischenzeit das Holunderragout kurz erwärmen und auf vier Teller verteilen.
Die gebackenen Buchteln voneinander trennen, je zwei auf dem Holunderragout anrichten.
Nach Belieben etwas Puderzucker darüberstäuben.

Den Teig zu einer Rolle formen und kleine Stücke davon abschneiden.

Die Teigstücke zu etwa walnußgroßen, runden Kugeln formen.

Die Teigkugeln mit Hilfe von zwei Löffeln in der lauwarmen Butter wenden.

Dicht nebeneinander in eine gebutterte feuerfeste Form setzen. Abgedeckt nochmals aufgehen lassen.

KUCHEN

Bocuse empfiehlt dazu einen Weißwein, z. B. aus der Rheinpfalz: 1986er Hainfelder Letten, Gewürztraminer Spätlese. Ein Qualitätswein mit Prädikat.

APFELTARTE MIT RUMSAHNE

400 g Blätterteig
Mehl zum Ausrollen
etwas Butter für das Blech
35 g Marzipanrohmasse
2 EL Haselnüsse, gemahlen
4 Äpfel (Gravensteiner oder Cox Orange)
1-2 EL Aprikosenkonfitüre

Rumsahne:
0,2 l süße Sahne
1 EL Zucker
4 EL Rum

Garnitur:
1-2 EL Hagelzucker

Den Blätterteig auf einer bemehlten Arbeitsfläche dünn ausrollen.
Mit einem kleinen Topfdeckel Kreise von 15-17 cm Durchmesser markieren und die Teigkreise mit einem kleinen Messer ausschneiden.
Mit einer Palette vorsichtig lösen und auf ein gebuttertes Backblech legen.
Die Marzipanrohmasse mit den Haselnüssen vermischen und auf die Teigkreise verteilen.
Nach Belieben können Sie etwas Wasser zufügen, damit die Masse streichfähig wird. Dann läßt sie sich auch mit dem Pinsel auftragen.
Die Äpfel schälen, vierteln und entkernen. In dünne Scheiben schneiden und fächerförmig auf den Teigböden verteilen.
Im vorgeheizten Backofen bei 220 Grad etwa 15-20 Minuten lang backen.
Für die Rumsahne die Sahne halbsteif schlagen, den Zucker und den Rum nach und nach zugeben.
Die Tartes herausnehmen, die Aprikosenkonfitüre erhitzen, glattrühren und auf die Tartes streichen.
Den Hagelzucker daraufstreuen und die Apfeltartes mit der Rumsahne anrichten.

Mit einem kleinen Topfdeckel Kreise auf dem ausgerollten Blätterteig markieren.

Die vorbereitete Marzipan-Walnuß-Masse auf die Teigkreise verteilen.

Die Apfelscheiben fächerförmig auf den Teigböden plazieren.

Im vorgeheizten Backofen bei 220 Grad 15-20 Minuten backen. Die Aprikosenkonfitüre erhitzen, glattrühren und auf die gebackenen Tartes streichen.

KUCHEN

Bocuse empfiehlt dazu einen betont fruchtigen Weißwein, z. B. vom Mittelrhein: 1985er Bopparder Hamm, Riesling Spätlese. Ein Qualitätswein mit Prädikat.

RHABARBERKUCHEN

Teig:
250 g Mehl
130 g Butter
1 EL Vollmilch
100 g Zucker
2 Eigelb
1 Prise Salz
etwas Butter für die Form

Belag:
450 g Rhabarber
1 EL Butter
60 g feine Biskuitbrösel
140 g Zucker
1 Ei zum Bestreichen
1 EL Puderzucker zum Bestäuben

Alle Zutaten für den Teig miteinander glattkneten, den Teig zu einer Kugel formen und in Klarsichtfolie einschlagen.
Etwa eine halbe Stunde kühl stellen.
Für diesen Kuchen benötigen Sie nur die Hälfte des Teiges, den Rest können Sie einige Tage später verbrauchen oder einfrieren.
Den Teig durchkneten und auf einer mit Mehl bestäubten Arbeitsfläche dünn ausrollen.
Boden und Rand einer gebutterten Obstbodenform mit zwei Drittel des Teiges auslegen.
Den Rhabarber schälen und in ca. 5 cm lange Stücke schneiden.
Die Butter erhitzen, mit den Biskuitbröseln und dem Zucker vermischen.
Die Hälfte davon auf den Teigboden verteilen. Den Rhabarber daraufgeben und die restliche Brösel-Zucker-Mischung darüber verteilen.
Den übrigen Teig zusammenkneten, erneut dünn ausrollen und mit Hilfe des Rollholzes auf die Form legen. Den überstehenden Rand vorsichtig abrollen und entfernen.
Die Teigoberfläche mit einem verquirlten Ei bestreichen und mit einer Gabel einige Löcher einstechen, damit der Dampf entweichen kann. Im vorgeheizten Backofen bei 220 Grad etwa 25 Minuten backen.
Den fertigen Rhabarberkuchen mit Puderzucker bestäuben, noch lauwarm in Tortenstücke schneiden und servieren.

Die Hälfte der Biskuitbrösel gleichmäßig auf dem Teigboden verteilen.

Den Rhabarber daraufgeben und die übrigen Biskuitbrösel darüberstreuen.

Den übrigen Teig ausrollen und mit Hilfe des Rollholzes auf die gefüllte Form legen.

Den überstehenden Rand abrollen, entfernen und die Teigoberfläche mit verquirltem Ei bestreichen. Mit einer Gabel einige Löcher einstechen, damit der Dampf entweichen kann.

KUCHEN

Bocuse empfiehlt dazu einen natursüßen, säurebetonten Weißwein, z. B. aus Rheinhessen: 1985er Niersteiner Auflangen, Riesling Auslese. Ein Qualitätswein mit Prädikat.

WARMER MOHNKUCHEN MIT ZWETSCHGENEIS

Zwetschgeneis:
260 g Spätzwetschgen
2 EL Läuterzucker
1 kleine Stange Zimt
2 Gewürznelken
Schale einer unbehandelten Zitrone, abgerieben
Saft einer halben Zitrone

Mohnkuchen:
100 g weiche Butter
100 g Zucker
4 Eigelb
130 g Blaumohn, gemahlen
1 Prise Salz
20 g Mehl
20 g Semmelbrösel
4 Eiweiß
Butter und Mehl für die Förmchen

Arraksahne:
⅛ l süße Sahne
1 EL Arrak
8 g Puderzucker

Zwetschgen waschen, entsteinen und mit den übrigen Zutaten für das Zwetschgeneis aufkochen.

Zugedeckt bei geringer Hitze weich dünsten, durch ein Sieb streichen und abkühlen lassen.

In einer Eismaschine gefrieren lassen. Oder in einer Metallschüssel für 2-3 Stunden in ein Gefriergerät stellen; ab und zu umrühren, damit die Masse gleichmäßig gefriert.

Für den Mohnkuchen die Butter und 80 g Zucker in einer Schüssel schaumig rühren.

Das Eigelb nach und nach dazugeben; Mohn, Salz, Mehl und Semmelbrösel unterrühren.

Das Eiweiß nicht zu steif schlagen, dabei den übrigen Zucker einrieseln lassen. Vorsichtig unter die Mohnmasse heben.

Vier Portionsförmchen buttern und mit Mehl ausstreuen. Überschüssiges Mehl durch Stürzen der Förmchen entfernen.

Den Mohnteig in die Förmchen füllen.

Ein Wasserbad vorbereiten und ein Stück Küchen- oder Zeitungspapier hineinlegen, damit das Wasser nicht so stark sprudelt. Die Förmchen in das Wasserbad stellen, im vorgeheizten Backofen bei 180 Grad ca. 40 Minuten backen.

Für die Arraksahne die Sahne halbsteif schlagen; den Arrak und den gesiebten Puderzucker dazugeben.

Den Mohnkuchen stürzen und noch warm in Scheiben schneiden. Auf der Arraksahne anrichten.

Von dem nicht zu fest gefrorenen Zwetschgeneis mit Hilfe eines zuvor in heißes Wasser getauchten Eßlöffels Portionen abstechen und daneben plazieren.

Nach Belieben mit Zitronenmelisse- oder Pfefferminzblättchen garnieren.

Mohn, Salz, Mehl und Brösel unter die Butter-Eigelb-Masse rühren; Eischnee unterheben.

Gebutterte Förmchen mit Mehl ausstreuen, überschüssiges Mehl herausschütten.

Ein Stück Papier in das Wasserbad legen, damit es nicht zu stark sprudelt.

Den Mohnteig in die Förmchen füllen, in das Wasserbad stellen und im vorgeheizten Backofen bei 180 Grad ca. 40 Minuten backen.

KUCHEN

Bocuse empfiehlt dazu einen würzigen, bukettreichen Weißwein, z. B. aus der Rheinpfalz: 1985er Deidesheimer Paradiesgarten, Gewürztraminer Spätlese. Ein Qualitätswein mit Prädikat.

QUARKKUCHEN

Für eine Springform
von 28 cm Durchmesser
oder zwei Tarteformen

Teig:
250 g Mehl
1 Prise Salz
200 g Butter
100 g Zucker
1 TL Vollmilch
1 Ei
etwas Butter für die Form

Belag:
750 g Quark
4 Eigelb
150 g Zucker
0,4 l Vollmilch
1 Prise Salz
Schale einer
unbehandelten Zitrone,
abgerieben
60 g Speisestärke
40 g Mehl
4 Eiweiß

Für den Teig alle Zutaten miteinander glattkneten, den Teig zu einer Kugel formen und in Klarsichtfolie einschlagen. Etwa eine halbe Stunde kühl stellen. Die Teigmenge reicht für zwei Böden, der Rest läßt sich gut einfrieren.
Für den Belag den Quark mit einem sauberen Tuch gut ausdrücken. In einer Schüssel mit dem Eigelb, 50 g Zucker und der Milch glattrühren. Salz, Zitronenschale, Speisestärke und Mehl unterrühren.
Das Eiweiß steif schlagen und den übrigen Zucker dabei einrieseln lassen.
Den Eischnee vorsichtig unter die Quarkmasse heben.
Den Teig durchkneten und auf einer bemehlten Arbeitsfläche dünn ausrollen. Boden und Rand der gebutterten Form damit auslegen.
Ein ausreichend großes Stück Pergamentpapier darauflegen, gleichmäßig andrücken und zum Beschweren getrocknete Erbsen, Bohnen, Linsen oder Reis darauf verteilen.
Im vorgeheizten Backofen bei 180 Grad etwa 10 Minuten vorbacken, damit der Boden schön flach bleibt.
Herausnehmen und das Pergamentpapier mit den Hülsenfrüchten von dem Boden heben. Anschließend die Quarkmasse einfüllen und im vorgeheizten Backofen bei 180 Grad etwa eine Stunde backen.
Die Oberfläche des Kuchens mit Aluminiumfolie abdecken, falls sie zu stark bräunt.
Den Quarkkuchen möglichst noch warm servieren. Dazu paßt ein Klecks Johannisbeer- oder Erdbeerkonfitüre.

Ein ausreichend großes Stück Pergamentpapier in die mit dem Teig ausgelegte Form legen.

Gleichmäßig andrücken und zum Beschweren Reis oder Hülsenfrüchte daraufstreuen.

Bei 180 Grad 10 Minuten vorbacken (blindbacken); Papier samt Hülsenfrüchten abheben.

Dann die vorbereitete Quarkmasse auf den gebackenen Boden geben, glattstreichen und im vorgeheizten Backofen bei 180 Grad eine Stunde backen.

KUCHEN

Bocuse empfiehlt dazu einen würzigen Rotweinpunsch oder eine Tasse Kaffee.

ELISENLEBKUCHEN

Für ca. 42 Stück
150 g Zucker
150 g geriebene Nüsse
150 g geriebene Mandeln
220 g Eiweiß
100 g Marzipanrohmasse
70 g Orangeat, gehackt
30 g Mehl
2 Msp. Zimt
1 Msp. Muskat
2 Msp. Gewürznelken
½ Msp. Kardamom

5 g Hirschhornsalz, in einigen Tropfen Wasser aufgelöst
¼ TL unbehandelte Zitronenschale, abgerieben
45-50 Backoblaten, 5 cm Durchmesser

Glasur:
250 g dunkle Kuvertüre

Zucker, Nüsse und Mandeln in einer Pfanne bei geringer Hitze unter ständigem Rühren rösten. Beiseite stellen und abkühlen lassen.
Etwas Eiweiß mit der zerbröckelten Marzipanrohmasse glattrühren.
Nach und nach die abgekühlte Nußmasse, das übrige Eiweiß und alle anderen Zutaten unterrühren.
Den Teig mit Klarsichtfolie abdecken und über Nacht ruhenlassen.
Die Backoblaten auf einem Backblech verteilen.
Aus dem Lebkuchenteig kirsch- bis walnußgroße Kugeln formen und auf die Oblaten setzen.
Die Teigkugeln flachdrücken und im vorgeheizten Backofen bei 180 Grad ca. 15 Minuten lang backen.
Die fertigen Lebkuchen auskühlen lassen.
Für die Glasur die Kuvertüre kleinhacken und die Hälfte davon in einem heißen Wasserbad schmelzen lassen. Die übrige Kuvertüre unterrühren, so daß sie in der warmen Masse schmilzt. Kühl stellen.
Die Kuvertüre, sobald sie eine cremige Konsistenz hat, erneut ins Wasserbad stellen und auf 32 Grad erwärmen. Nicht überhitzen!
Die abgekühlten Lebkuchen mit der Lebkuchenseite in die Kuvertüre tauchen, abtropfen lassen und zum Trocknen auf ein Gitter setzen.
In eine Gebäckdose schichten. Die einzelnen Lagen mit Pergamentpapier voneinander trennen und die Dose gut verschließen.

Aus dem Lebkuchenteig Kugeln formen, auf die Oblaten setzen und flachdrücken.

Im vorgeheizten Backofen bei 180 Grad ca. 15 Minuten lang backen.

Die ausgekühlten Lebkuchen mit der Lebkuchenseite in die flüssige Kuvertüre tauchen.

Abtropfen lassen und zum Trocknen auf ein Gitter setzen. Möglichst eine Auffangschale für herabtropfende Kuvertüre unter das Gitter stellen.

KUCHEN

Bocuse empfiehlt dazu eine Tasse Kaffee, Tee oder einen würzigen, bukettreichen Weißwein.

DRESDNER STOLLEN

40 g frische Hefe
ca. ⅜ l lauwarme Vollmilch
120 g Zucker
550 g Mehl
1 Prise Salz
2 Eier
2 Eigelb
210 g weiche Butter
50 g Mandelstifte
140 g Rosinen,
in Rum eingeweicht

70 g Orangeat, sehr
klein gewürfelt
70 g Korinthen
Schale je einer
unbehandelten Zitrone
und Orange
160 g flüssige Butter
zum Bestreichen
60 g Puderzucker
1 TL Vanillezucker

Die zerbröckelte Hefe mit etwas lauwarmer Milch, Zucker und Mehl zu einem Vorteig verrühren. Abgedeckt an einem warmen Ort gehen lassen, bis sich die Masse verdoppelt hat.
Das übrige Mehl darübersieben, übrigen Zucker, Salz, Eier, Eigelb und Butter dazugeben und alles zu einem geschmeidigen Teig verkneten.
Der Teig muß so lange geschlagen werden, bis er Blasen bildet und sich leicht vom Schüsselrand löst. Wieder abgedeckt an einem warmen Ort gehen lassen, bis sich die Teigmenge verdoppelt hat.
Mandeln, Rosinen, Orangeat, Korinthen, Zitronen- und Orangenschale unterkneten.
Den Teig zu einem ovalen Laib formen, mit Mehl bestäuben; abgedeckt gehen lassen.
Einen Holzlöffelstiel der Länge nach auf die Mitte des Teiglaibes legen, eine Hälfte des Teiges flachrollen und dünn mit Wasser bestreichen.
Den flachen Teil so über die andere Hälfte schlagen, daß diese zu Dreiviertel bedeckt ist.
Den Stollen vorsichtig auf ein gebuttertes Backblech legen und erneut gehen lassen.
Den Stollen vor dem Backen mit etwas flüssiger Butter bestreichen und im vorgeheizten Backofen bei 180-200 Grad ca. 60 Minuten backen.
Nach dem Backen sofort mit der übrigen Butter bestreichen. Diesen Vorgang so oft wiederholen, bis die ganze Butter vom Stollen aufgesaugt wurde.
Den Puderzucker mit dem Vanillezucker mischen und dick über den abgekühlten Stollen sieben.
Den Stollen in Aluminiumfolie einschlagen. Mindestens zehn Tage ruhenlassen.

Den Teiglaib von der Mitte aus mit einem Holzlöffelstiel einseitig flachrollen.

Mit Wasser bepinseln und den flachen Teil über die andere Hälfte schlagen.

Der umgeschlagene Teil sollte die untere Hälfte zu Dreiviertel bedecken. Gut andrücken.

Auf ein gebuttertes Backblech legen und mit wenig flüssiger Butter bestreichen. Im vorgeheizten Backofen bei 180-200 Grad eine Stunde backen.

KÄSE

Nach wie vor gilt Käse als klassischer Magenschließer nach einem Menü. Doch auch als Imbiß verkörpert eine Käseplatte ein Stück Eßkultur, deren Vielfalt ihren besonderen feinschmeckerischen Reiz ausmacht.

Käse — das ist ja nur ein Kürzel für einen ganzen Kosmos von Milchprodukten, an dem allein schon der Einfallsreichtum seiner Erfinder frappiert. Wer zum Käsekenner aufsteigen möchte, braucht zumindest für den Anfang ein paar Anhaltspunkte, damit er nicht die Übersicht verliert.

Da gibt es erst mal Käse aus Kuh-, Schafs- oder Ziegenmilch, manche auch gemischt. Es gibt Frischkäse und Weichkäse, Halbfest- und Hartkäse. Es gibt Käse ohne Rinde, mit harter Rinde, mit Rotschmiere, weißem Schimmelpilz oder blauem. Es gibt Käse in allen erdenklichen Fettstufen. Darüber hinaus gibt es zahllose Spezialitäten: in Blättern oder Asche, mit Nüssen, Mandeln oder Pfeffer. In Öl eingelegt oder gefüllt, geräuchert oder gekräutert.

Eine Käseplatte, die diesen Namen verdient, sollte ein Sortiment von mild bis deftig, von weich bis hart sowie Käse zwei verschiedener Milchsorten enthalten. Dazu gehören gesalzene Butter, Pfeffer, Paprika und Kümmel, Baguette und Vollkornbrot.

Rotwein ist keineswegs das obligatorische Getränk zum Käse. Zu den duftend-deftigen Sorten schmeckt zum Beispiel Bier so gut, daß sogar Bocuse sein Lieblingsgetränk für eine Weile vergaß: den Roten vom eigenen Weinberg. Da auf der nebenstehenden Käseplatte verschiedene Geschmackskomponenten vertreten sind, empfiehlt er als goldenen Mittelweg eine Gewürztraminer Spätlese: 1986er Kirchheimer Schwarzerde aus der Rheinpfalz.

1. Bergkäse
2. Allgäuer Emmentaler
3. Harzer
4. Schafskäse, mit Kräutern, Knoblauch und Pfeffer in Olivenöl eingelegt
5. Brie
6. Edelpilz- oder Blauschimmelkäse
7. Ziegencamembert
8. Frischkäse
9. Limburger
10. Steppenkäse

DIE MEN

Die Kunst, ein Menü zu komponieren, läßt sich mit ein bißchen Fingerspitzengefühl leicht erlernen. Wichtigste Regel: Ein Menü soll sich zum Hauptgang hin geschmacklich steigern — von kalt zu warm, von mild zu herzhaft, von pochiert zu gebraten. "Tantris"-Chef Heinz Winkler, der diese Kunst perfekt beherrscht, stellte aus den Gerichten von Bocuse Drei-Gang-Menüs zusammen.

Übrigens: Der Wein zum Hauptgang kann auch das ganze Menü begleiten.

Schwetzinger Spargelsalat

Rheinpfalz
1986er Ungsteiner Honigsäckel
Kerner Kabinett trocken
Qualitätswein mit Prädikat
Seite 148

Rostbraten Strindberg

Baden
1986er Durbacher Schloßberg
Spätburgunder Weißherbst trocken
Qualitätswein b. A.
Seite 120

Rhabarberkuchen

Mittelrhein
1985er Bopparder Hamm
Riesling Spätlese
Qualitätswein mit Prädikat
Seite 228

Zwiebelkuchen

Nahe
1986er Kreuznacher Kronenberg
Müller-Thurgau Kabinett trocken
Qualitätswein mit Prädikat
Seite 174

Bayerischer Lammrücken

Rheinhessen
1986er Alsheimer Rheinblick
Weißburgunder Spätlese trocken
Qualitätswein mit Prädikat
Seite 138

Charlotte von Williams Birnen

Rheinpfalz
1985er Ilbesheimer Herrlich
Scheurebe Spätlese
Qualitätswein mit Prädikat
Seite 188

Kartoffelsuppe mit Steinpilzen
Seite 166

Jungschweinsrippe mit Spitzkohl
Rheinhessen
1985er St. Johanner Abtey
Müller-Thurgau halbtrocken
Qualitätswein b. A.
Seite 98

Quarkknödel mit Aprikosenkompott
Hessische Bergstraße
1985er Heppenheimer Schloßberg
Riesling Spätlese
Qualitätswein mit Prädikat
Seite 204

Allgäuer Käs'suppen
Seite 156

Schweinefilet in Biersoße
Baden
1986er Ihringer Vulkanfelsen
Grauer Burgunder trocken
Qualitätswein b. A.
Seite 94

Gebackene Apfelscheiben
Mittelrhein
1985er Bacharacher Hahn
Riesling Spätlese
Qualitätswein mit Prädikat
Seite 208

Kalbskopf und Züngerl
Rheinhessen
1987er Mainzer St. Alban
Müller-Thurgau Kabinett trocken
Qualitätswein mit Prädikat
Seite 114

Gefüllte Poularde
Baden
1986er Merdinger Bühl
Spätburgunder Weißherbst trocken
Qualitätswein b. A.
Seite 78

Quarkkuchen
Rheinpfalz
1985er Deidesheimer Paradiesgarten
Gewürztraminer Spätlese
Qualitätswein mit Prädikat
Seite 232

DIE MENÜS

Putenbrustfilet im Kräutermantel

Rheinpfalz
1986er Forster Freundstück
Bacchus Kabinett trocken
Qualitätswein mit Prädikat
Seite 82

Szegediner Schweinegulasch

Rheinhessen
1987er Binger St. Rochuskapelle
Müller-Thurgau Kabinett trocken
Qualitätswein mit Prädikat
Seite 100

Birnen mit Käsecreme

Württemberg
1985er Heilbronner Staufenberg
Kerner Spätlese
Qualitätswein mit Prädikat
Seite 190

Überbackene Rösti

Franken
1986er Casteller Bausch
Silvaner Kabinett trocken
Qualitätswein mit Prädikat
Seite 170

Glacierter Beinschinken

Württemberg
1986er Stuttgarter Weinsteige
Spätburgunder Spätlese halbtrocken
Qualitätswein mit Prädikat
Seite 96

Käseplatte

Rheinpfalz
1986er Kirchheimer Schwarzerde
Gewürztraminer Spätlese
Qualitätswein mit Prädikat
Seite 238

Muscheln in Currysoße

Rheinpfalz
1985er Mußbacher Eselshaut
Morio-Muskat Kabinett halbtrocken
Qualitätswein mit Prädikat
Seite 26

Hase auf königliche Art

Baden
1985er Freiburger Lorettoberg
Spätburgunder Spätlese trocken
Qualitätswein mit Prädikat
Seite 132

Gefüllte Schokoladenblätter

Rheinhessen
1985er Ingelheimer Horn
Frühburgunder Auslese trocken
Qualitätswein mit Prädikat
Seite 214

Gefüllte Ofenkartoffeln

Baden
1986er Auggener Schäf
Gutedel trocken
Qualitätswein b. A.
Seite 168

Karpfen im Ofen geschmort

Nahe
1985er Rüdesheimer Rosengarten
Müller-Thurgau Kabinett trocken
Qualitätswein mit Prädikat
Seite 58

Apfeltarte mit Rumsahne

Rheinpfalz
1986er Hainfelder Letten
Gewürztraminer Spätlese
Qualitätswein mit Prädikat
Seite 226

Kalbsbries-ravioli

Rheinpfalz
1985er Wachenheimer Gerümpel
Weißburgunder Kabinett trocken
Qualitätswein mit Prädikat
Seite 112

Gefüllter Altonaer Steinbutt

Mosel-Saar-Ruwer
1985er Wehlener Sonnenuhr
Riesling Spätlese halbtrocken
Qualitätswein mit Prädikat
Seite 38

Halbgefrorenes von Kaffee

Rheinhessen
1979er Niersteiner Gutes Domtal
Silvaner Auslese
Qualitätswein mit Prädikat
Seite 212

Gefüllte Zucchiniblüten

Baden
1986er Heidelberger Mannaberg
Weißburgunder Kabinett trocken
Qualitätswein mit Prädikat
Seite 152

Lachs-lasagne à la Winkler

Franken
1985er Würzburger Stein
Silvaner Spätlese trocken
Qualitätswein mit Prädikat
Seite 56

Mohnkuchen mit Zwetschgeneis

Rheinhessen
1985er Niersteiner Auflangen
Riesling Auslese
Qualitätswein mit Prädikat
Seite 230

DIE MENÜS

Buttermilch-Kaltschale

Mosel-Saar-Ruwer
1985er Erdener Treppchen
Riesling halbtrocken
Qualitätswein b. A.
Seite 184

Pochierter Schellfisch

Rheinhessen
1986er Oppenheimer Krötenbrunnen
Kerner Kabinett trocken
Qualitätswein mit Prädikat
Seite 42

Dresdner Stollen

Rheinpfalz
1986er Edesheimer Ordensgut
Gewürztraminer Spätlese
Qualitätswein mit Prädikat
Seite 236

Käse-Spinat-Torte

Rheinpfalz
1987er Maikammerer Mandelhöhe
Müller-Thurgau Kabinett trocken
Qualitätswein mit Prädikat
Seite 154

Rotbarbe mit Basilikumdressing

Mosel-Saar-Ruwer
1985er Bernkasteler Badstube
Riesling Spätlese trocken
Qualitätswein mit Prädikat
Seite 36

Aprikosen-Joghurt-Quark

Rheingau
1985er Winkeler Jesuitengarten
Riesling Spätlese
Qualitätswein mit Prädikat
Seite 186

Selbstgemachte Matjesheringe

Mosel-Saar-Ruwer
1985er Zeller Schwarze Katz
Riesling halbtrocken
Qualitätswein b. A.
Seite 44

Gedämpftes Roastbeef mit Gemüse

Württemberg
1986er Affaltracher Dieblesberg
Trollinger trocken
Qualitätswein b. A.
Seite 116

Buchteln mit Holunderragout

Rheingau
1983er Hochheimer Hölle
Riesling Spätlese
Qualitätswein mit Prädikat
Seite 224

Helgoländer Hummereintopf

Baden
1986er Bickensohler Steinfelsen
Weißburgunder Kabinett trocken
Qualitätswein mit Prädikat
Seite 20

Ente mit Orangensoße

Rheinpfalz
1986er Gimmeldinger Meerspinne
Gewürztraminer Spätlese halbtrocken
Qualitätswein mit Prädikat
Seite 74

Haselnuß-Palatschinken

Mosel-Saar-Ruwer
1985er Ürziger Würzgarten
Riesling Auslese
Qualitätswein mit Prädikat
Seite 206

Matjessülze auf Kräuterschaum

Rheingau
1985er Johannisberger Erntebringer
Riesling halbtrocken
Qualitätswein b. A.
Seite 46

Pochiertes Rinderfilet

Rheinhessen
1986er Bechtheimer Pilgerpfad
Silvaner Kabinett trocken
Qualitätswein mit Prädikat
Seite 118

Elisenlebkuchen

Seite 234

Jakobsmuscheln in Sauerampfersoße

Mosel-Saar-Ruwer
1986er Piesporter Michelsberg
Riesling Spätlese halbtrocken
Qualitätswein mit Prädikat
Seite 24

Huhn in Rotwein

Ahr
1983er Dernauer Klosterberg
Spätburgunder Spätlese trocken
Qualitätswein mit Prädikat
Seite 80

Rumauflauf mit Rotweinbirne

Seite 192

FONDS

Fonds sind jene unentbehrlichen Helfer, die eine Soße zu einem Geschmackserlebnis machen. Die Zubereitung ist mühevoll, doch auch im Haushalt lohnt sich der Aufwand, wenn Sie die Fonds portionsweise einfrieren und nach Bedarf auftauen.

FISCHFOND

500 g Gräten von Edel-Seefischen, z. B. von Seezunge oder Steinbutt
2 Schalotten, geschält
1 Petersilienwurzel, geschält
1 Stange Lauch, geputzt
1 Stück Sellerieknolle, geschält
3 EL Öl
2 Scheiben einer unbehandelten Zitrone
5 weiße Pfefferkörner
1 Zweig Thymian
1 Zweig Petersilie
1 Lorbeerblatt
Meersalz
½ l trockener Weißwein
¾ l Wasser

Die Fischgräten kalt abspülen, abtropfen lassen.
Das Gemüse fein würfeln und in heißem Öl andünsten.
Zitronenscheiben, Pfeffer und Kräuter kurz mitdünsten.
Fischgräten zugeben, leicht salzen und mit Weißwein ablöschen.
Das Wasser aufgießen, aufkochen und ca. 25 Minuten leicht köcheln lassen. Zwischendurch öfter abschäumen.
Den Fond durch ein Sieb gießen, abkühlen lassen.

HELLER GEFLÜGELFOND

1 Bund Suppengemüse, geputzt
1 kleines Lorbeerblatt
1 Gewürznelke
1 Zwiebel, geschält
1 kg Geflügelkarkassen, gehackt
oder 1 Suppenhuhn, halbiert
3 EL Öl
Meersalz
5 weiße Pfefferkörner
0,1 l trockener Weißwein
1 ½ l Wasser

Das Suppengemüse in grobe Würfel schneiden.
Das Lorbeerblatt mit der Gewürznelke auf der Zwiebel feststecken.
Gemüse, gespickte Zwiebel und Geflügelkarkassen oder Suppenhuhn in heißem Öl andünsten, ohne zu bräunen.
Leicht salzen, Pfefferkörner zugeben und alles mit Weißwein ablöschen. Beiseite stellen und abkühlen lassen.
Das Wasser aufgießen, alles zum Kochen bringen und bei geringer Hitze 2 Stunden köcheln lassen. Zwischendurch abschäumen. Den Fond durch ein Sieb gießen, abkühlen lassen.

BRAUNER GEFLÜGELFOND

3 EL Öl
1 kg Geflügelklein: Herz, Hals, Magen, gehackte Karkassen
1 EL Tomatenmark
1 Bund Suppengemüse, geputzt
1 Lorbeerblatt
1 Gewürznelke
1 Zwiebel, geschält
1 TL weiße Pfefferkörner
4 Zweige Petersilie
1 kleiner Zweig Rosmarin
2 Tomaten, geviertelt
20 g Butter, Meersalz
0,1 l Weißwein, 5 EL Madeira
2 l Wasser

Einen Bräter mit Öl auspinseln, das Geflügelklein hineingeben und im vorgeheizten Backofen bei 250 Grad anrösten.
Das Tomatenmark unterrühren, 5 Minuten weiterrösten.
Das Gemüse grob würfeln, das Lorbeerblatt mit der Gewürznelke auf der Zwiebel feststecken.
Gemüse, Zwiebel, Pfeffer, Kräuter, Tomaten und Butter in den Bräter geben, salzen.
Bei 175 Grad 15 Minuten weiterbraten. Ab und zu umrühren.
Mit Weißwein und Madeira ablöschen, abkühlen lassen.
Wasser aufgießen, aufkochen und ca. 3 Stunden köcheln lassen.
Zwischendurch öfter abschäumen und entfetten. Abseihen.

HELLER KALBSFOND

2 Schalotten, geschält
1 Stück Sellerieknolle, geschält
1 Stange Lauch, geputzt
1 Petersilienwurzel, geschält
2 Möhren, geschält
2 kg Kalbsknochen und -parüren, Knochen beim Einkauf zerhacken lassen
60 g Butter
Meersalz
1 Lorbeerblatt
10 weiße Pfefferkörner
0,2 l Weißwein
3 l Wasser

Das Gemüse grob würfeln, zusammen mit den Kalbsknochen und -parüren in heißer Butter andünsten, ohne zu bräunen.
Leicht salzen, das Lorbeerblatt und die Pfefferkörner zugeben, mit dem Weißwein ablöschen.
Beiseite stellen und abkühlen lassen.
Das Wasser aufgießen, zum Kochen bringen und bei geringster Hitze 2 Stunden sehr langsam köcheln lassen.
Den Fond durch ein Sieb gießen, abkühlen lassen.

BRAUNER KALBSFOND

3 EL Öl
1 kg Kalbsknochen, gehackt
2 EL Tomatenmark
1 Stange Staudensellerie, geputzt
1 Zwiebel, geschält
1 Möhre, geschält
4 Zweige Petersilie
1 Zweig Rosmarin
2 Lorbeerblätter
2 Tomaten, geviertelt
10 weiße Pfefferkörner
Meersalz, 2 EL Butter
0,1 l Weißwein, 5 EL Madeira
2 l Wasser

Einen Bräter mit Öl auspinseln, die Kalbsknochen hineingeben und im vorgeheizten Backofen bei 250 Grad anrösten.
Tomatenmark unterrühren und alles 5 Minuten weiterrösten.
Das Gemüse grob würfeln, zusammen mit Kräutern, Tomaten und Pfeffer zu den Kalbsknochen geben.
Salzen, die Butter untermischen und alles unter gelegentlichem Umrühren bei 175 Grad 15 Minuten weiterrösten.
Mit Weißwein und Madeira ablöschen, abkühlen lassen.
Wasser aufgießen, aufkochen und bei geringer Hitze ca. 3 Stunden köcheln lassen.
Zwischendurch öfter abschäumen und entfetten. Abseihen.

REZEPTREGISTER

MEERESFRÜCHTE 12-27

Geeiste Paprikasuppe mit Langustinen	22
Helgoländer Hummereintopf	20
Jakobsmuscheln in Sauerampfersoße	24
Muscheln in Currysoße	26

SEEFISCHE 28-47

Gefüllter Altonaer Steinbutt	38
Kieler Schollenfilet	40
Matjessülze auf Kräuterschaum	46
Pochierter Schellfisch	42
Rotbarbe mit Basilikumdressing	36
Selbstgemachte Matjesheringe	44

FLUSSFISCHE 48-65

Aalsülze mit Kichererbsen	64
Bodensee-Eglifilet in Bierteig	62
Frikassee vom Waller	60
Karpfen, im Ofen geschmort	58
Lachs-Lasagne à la Winkler	56

GEFLÜGEL 66-83

Ente mit Orangensoße	74
Gänsebraten mit Grießknödeln	76
Gefüllte Poularde	78
Huhn in Rotwein	80
Putenbrustfilet im Kräutermantel	82

SCHWEIN 84-103

Glacierter Beinschinken	96
Gefüllter Schweinefuß	102
Jungschweinsrippe mit Spitzkohl	98
Piccata vom Schweinefilet	92
Schweinefilet in Biersoße	94
Szegediner Schweinegulasch	100

KALB/RIND 104-123

Kalbsbriesravioli	112
Kalbskopf und Züngerl	114
Gedämpftes Roastbeef mit Gemüse	116
Gefüllter Ochsenschwanz	122
Pochiertes Rinderfilet	118
Rostbraten Strindberg	120

WILD/LAMM 124-139

Gefüllte Wachteln mit Grünkohl	134
Hase auf königliche Art	132
Rebhuhnbrüstchen auf Steinpilzen	136
Bayerischer Lammrücken	138

FRÜHGEMÜSE 140-157

Allgäuer Käs'suppen	156
Gefüllte Zucchiniblüten	152
Käse-Spinat-Torte	154
Lasagne von Auberginen	150
Schwetzinger Spargelsalat	148

WINTERGEMÜSE 158-175

Gefüllte Ofenkartoffeln	168
Kartoffelpuffer mit Schnecken	172
Kartoffelsuppe mit Steinpilzen	166
Überbackene Rösti	170
Zwiebelkuchen	174

OBST 176-195

Aprikosen-Joghurt-Quark	186
Birnen mit Käsecreme	190
Buttermilch-Kaltschale	184
Charlotte von Williams Birnen	188
Rumauflauf mit Rotweinbirne	192
Überbackene Orangen	194

SÜSSSPEISEN 196-215

Gebackene Apfelscheiben	208
Gefüllte Schokoladenblätter	214
Halbgefrorenes von Kaffee	212
Haselnuß-Palatschinken	206
Pfannkuchen Johann Strauß	210
Quarkknödel mit Aprikosenkompott	204

KUCHEN 216-237

Apfeltarte mit Rumsahne	226
Buchteln mit Holunderragout	224
Dresdner Stollen	236
Elisenlebkuchen	234
Quarkkuchen	232
Rhabarberkuchen	228
Warmer Mohnkuchen mit Zwetschgeneis	230

FONDS 246-247

Brauner Geflügelfond	247
Brauner Kalbsfond	247
Fischfond	246
Heller Geflügelfond	246
Heller Kalbsfond	247

REGISTER

A

Aalsülze mit Kichererbsen 54, 55, 64, 65
Allgäuer Käs'suppen 156, 157
Altonaer Steinbutt, Gefüllter 38, 39
Apfel s. Füllung für Wachteln 134, 135
  Brat- s. Gänsebraten 76, 77
  -scheiben, Gebackene 208, 209
  -tarte mit Rumsahne 220, 221, 226, 227
  s. Soße für Aalsülze 64, 65
Aprikosen
  -Joghurt-Quark 186, 187
  -kompott, Quarkknödel mit 204, 205
Arraksahne
  s. Mohnkuchen 230, 231
Auberginen
  Lasagne von 150, 151
Auflauf, Rum- 192, 193

B

Basilikum
  -dressing, Rotbarbe mit 36, 37
  -paste s. Jungschweinsrippe 98, 99
  s. Lasagne von Auberginen 150, 151
Bayerischer Lammrücken 130, 131, 138, 139
Beinschinken
  Glacierter 96, 97
Biersoße
  Schweinefilet in 94, 95
Bierteig
  s. Bodensee-Eglifilet 62, 63
  s. Gebackene Apfelscheiben 208, 209
  s. Gefüllte Zucchiniblüten 152, 153
Birnen
  Charlotte von Williams 188, 189
  mit Käsecreme 190, 191
  Rotwein- s. Rumauflauf 192, 193
  -Schaum s. Haselnuß-Palatschinken 206, 207
Blätterteig, fertiger
  s. Apfeltarte 226, 227
  s. Birnen mit Käsecreme 190, 191
  s. Überbackene Rösti 170, 171
Blauschimmelkäse
  s. Käsecreme 190, 191
Blindbacken
  s. Quarkkuchen 233
Bodensee-Eglifilet 52, 53
  in Bierteig 62, 63
Bohnen, dicke weiße
  s. Marinierte 102, 103
  grüne s. Aalsülze 64, 65
Bratäpfel 182, 183
  s. Gänsebraten 76, 77
Braten
  Gänse- 76, 77
  Rost- 120, 121
  Ente 74, 75
  Glacierter Beinschinken 96, 97
  Jungschweinsrippe 98, 99
Brösel, Butter-
  s. Quarkknödel 204, 205
Brokkoli
  s. Pochiertes Rinderfilet 118, 119
Buchteln mit Holunderragout 218, 219, 224, 225
Butt, Gefüllter Altonaer Stein- 38, 39
Butter
  -brösel s. Quarkknödel 204, 205
  Senf- 42, 43
  Zitronen- 58, 59
Buttermilch-Kaltschale 184, 185

C

Champignons
  s. Aalsülze 64, 65
  s. Putenbrustfilet 82, 83
Charlotte von Williams Birnen 188, 189
Currysoße
  Muscheln in 26, 27

D

Desserts
— Apfeltarte mit Rumsahne 226, 227
— Aprikosen-Joghurt-Quark 186, 187
— Birnen mit Käsecreme 190, 191
— Buchteln mit Holunderragout 224, 225
— Charlotte von Williams Birnen 188, 189
— Dresdner Stollen 236, 237
— Elisenlebkuchen 234, 235
— Gebackene Apfelscheiben 208, 209
— Gefüllte Schokoladenblätter 214, 215
— Halbgefrorenes von Kaffee 212, 213
— Haselnuß-Palatschinken 206, 207
— Käseplatte 238, 239
— Pfannkuchen Johann Strauß 210, 211
— Quarkknödel mit Aprikosenkompott 204, 205
— Quarkkuchen 232, 233
— Rhabarberkuchen 228, 229
— Rumauflauf mit Rotweinbirne 192, 193
— Überbackene Orangen 194, 195
— Warmer Mohnkuchen mit Zwetschgeneis 230, 231
Dresdner Stollen 236, 237
Dressing
  Basilikum- 36, 37

E

Eglifilet, Bodensee- 52, 53, 62, 63
Eintopf, Hummer- 20, 21
Eis
  Halbgefrorenes von Kaffee 212, 213
  Zwetschgen- s. Mohnkuchen 230, 231
Elisenlebkuchen 234, 235
Ente mit Orangensoße 68, 69, 74, 75

Erbsen
Kicher- s. Aalsülze 64, 65
frische s. Helgoländer Hummereintopf 20, 21
Erdbeeren 178, 179
  s. Aprikosen-Joghurt-Quark 186, 187
  s. Buttermilch-Kaltschale 184, 185
Eßkastanien
  s. Gefüllte Schokoladenblätter 214, 215

F

Filetieren
  Heringe 45
  Orangen 195
  Scholle 41
Fisch
  Aal, geräuchert 64, 65
  Bodensee-Egli 62, 63
  Hering 44, 45
  Karpfen 58, 59
  Lachs, roh 56, 57
  Matjes 44, 45, 46, 47
  Rotbarbe 36, 37
  Schellfisch 42, 43
  Scholle 34, 35, 40, 41
  Steinbutt 38, 39
  Waller 60, 61
Fond
  Brauner Geflügel- 247
  Brauner Kalbs- 247
  Fisch- 30, 31, 246
  Gemüse- s. Frikassee vom Waller 60, 61
  Heller Geflügel- 246
  Heller Kalbs- 247
  Lamm- s. Bayerischer Lammrücken 138, 139
Frikassee vom Waller 60, 61
Frischkäse
  Doppelrahm- s. Soße 190, 191
  italienischer s. Mascarpone 212, 213
Füllungen
  s. Kalbsbriesravioli 112, 113
  s. Lachs-Lasagne 56, 57
  s. Ochsenschwanz 122, 123
  s. Ofenkartoffeln 168, 169
  s. Palatschinken 206, 207
  s. Poularde 78, 79
  s. Schokoladenblätter 214, 215
  s. Steinbutt 38, 39
  s. Wachteln 134, 135
  s. Zucchiniblüten 152, 153

G

Gänsebraten mit Grieß-
knödeln 76, 77
Gebackene Apfelscheiben
208, 209
Gedämpftes Roastbeef
mit Gemüse 116, 117
Geeiste Paprikasuppe
mit Langustinen 22, 23
Geflügel/Wildgeflügel
Ente 74, 75
Gans 76, 77
Poularde 78, 79, 80, 81
Putenbrust 82, 83
Rebhuhnbrust 136, 137
Wachteln 134, 135
Geflügelleber
s. Füllung für Wachteln
134, 135
Gefüllte Ofenkartoffeln
164, 165, 168, 169
Gefüllte Poularde 78, 79
Gefüllte Schokoladen-
blätter 202, 203, 214, 215
Gefüllte Wachteln mit Grün-
kohl 128, 129, 134, 135
Gefüllte Zucchiniblüten
152, 153
Gefüllter Altonaer Steinbutt
32, 33, 38, 39
Gefüllter Ochsenschwanz
110, 111, 122, 123
Gefüllter Schweinefuß
102, 103
Gemüsefond s. Frikassee
vom Waller 60, 61
Gewürznelken
s. Glacierter Beinschinken
96, 97
Glacierter Beinschinken
88, 89, 96, 97
Grieß
-knödel s. Gänsebraten
76, 77
s. Füllung für Ochsen-
schwanz 122, 123
Grüne Soße
s. Kalbskopf und Züngerl
114, 115
Grünkohl
Gefüllte Wachteln mit
134, 135
Gulasch
Szegediner Schweine-
100, 101

H

Halbgefrorenes von Kaffee
212, 213
Hase auf königliche Art
126, 127, 132, 133
Haselnuß-Palatschinken
198, 199, 206, 207
Haselnußsoße
s. Gefüllte Schokoladen-
blätter 214, 215
Hauptgerichte
— Bayerischer Lammrücken
138, 139
— Bodensee-Eglifilet in
Bierteig 62, 63
— Ente mit Orangensoße
74, 75
— Gänsebraten mit Grieß-
knödeln 76, 77
— Gedämpftes Roastbeef
mit Gemüse 116, 117
— Gefüllte Poularde 78, 79
— Gefüllte Wachteln mit
Grünkohl 134, 135
— Gefüllter Altonaer Stein-
butt 38, 39
— Gefüllter Ochsenschwanz
122, 123
— Gefüllter Schweinefuß
102, 103
— Glacierter Beinschinken
96, 97
— Hase auf königliche Art
132, 133
— Huhn in Rotwein 80, 81
— Jungschweinsrippe mit
Spitzkohl 98, 99
— Karpfen, im Ofen
geschmort 58, 59
— Kieler Schollenfilet 40, 41
— Lachs-Lasagne à la
Winkler 56, 57
— Piccata vom Schweine-
filet 92, 93
— Pochierter Schellfisch
42, 43
— Pochiertes Rinderfilet
118, 119
— Rebhuhnbrüstchen auf
Steinpilzen 136, 137
— Rostbraten Strindberg
120, 121
— Rotbarbe mit Basilikum-
dressing 36, 37
— Schweinefilet in Biersoße
94, 95
— Szegediner Schweine-
gulasch 100, 101
Hechtfilet
s. Steinbuttfüllung 38

Hefeteig
s. Buchteln 224, 225
s. Stollen 236, 237
Helgoländer Hummer-
eintopf 20, 21
Heringe, frische 44, 45
Matjes- 44, 45, 46, 47
Himbeeren s. Pfannkuchen
Johann Strauß 210, 211
Hirn
Kalbs- s. Schwetzinger
Spargelsalat 148, 149
Holunderragout
Buchteln mit 224, 225
Honig s. Glacierter
Beinschinken 96, 97
Huhn in Rotwein
70, 71, 80, 81
Hummer 14, 15
Hummereintopf
Helgoländer 20, 21

J

Jakobsmuscheln 16, 17
in Sauerampfersoße
24, 25
Joghurt-Quark
Aprikosen- 186, 187
Johannisbeersoße
s. Charlotte von Williams
Birnen 188, 189
Jungschweinsrippe mit
Spitzkohl 90, 91, 98, 99

K

Käse 238, 239
Käsecreme
Birnen mit 190, 191
Käse-Spinat-Torte 154, 155
Käs'suppen
Allgäuer 156, 157
Kaffee
Halbgefrorenes von
212, 213
Kalbsbriesravioli
106, 107, 112, 113
Kalbshirn s. Spargelsalat
148, 149
Kalbskopf und Züngerl
114, 115
Kalbszunge abziehen 115
Kaltschale
Buttermilch- 184, 185
Kapern s. Gedämpftes
Roastbeef 116, 117
s. Grüne Soße 114

Kartoffel
Gefüllte Ofen- 168, 169
-puffer mit Schnecken
172, 173
-suppe mit Steinpilzen
166, 167
Überbackene Rösti
170, 171
s. Grießknödel 76, 77
Karpfen 50, 51
Karpfen, im Ofen
geschmort 58, 59
Kastanienmus
s. Gefüllte Schokoladen-
blätter 214, 215
Kichererbsen
Aalsülze mit 64, 65
Kieler Schollenfilet 40, 41
Knödel
Grieß- 76, 77
Quark- 204, 205
Kohl
Grün- s. Gefüllte Wachteln
134, 135
Rosen- s. Gemüse zum
Lammrücken 138, 139
Sauerkraut s. Szegediner
Schweinegulasch 100, 101
Spitz- s. Jungschweins-
rippe 98, 99
Wirsing- s. Gemüse zum
Lammrücken 138, 139
Kompott
Aprikosen- 204, 205
Kräuterkruste
s. Kräutermasse 58, 59
Kräutermantel
Putenbrustfilet im 82, 83
Kräutermarinade
s. Pochiertes Rinderfilet
118, 119
Kräuterschaum
Matjessülze auf 46, 47
Kräutersoße
s. Kieler Schollenfilet
40, 41
s. Grüne Soße 114, 115
Krustentiere
Hummer 14, 15, 20, 21
Langustinen 22, 23
Kuchen, süß
Apfeltarte 226, 227
Buchteln 224, 225
Elisenlebkuchen 234, 235
Mohnkuchen 230, 231
Quarkkuchen 232, 233
Rhabarberkuchen
228, 229
Rumauflauf 192, 193
Stollen 236, 237

Kuchen, pikant
  Käse-Spinat-Torte
  154, 155
  Zwiebelkuchen 174, 175

L

Lachs-Lasagne à la Winkler
  56, 57
Läuterzucker
  s. Charlotte von Williams
  Birnen 188, 189
Lammfleisch s. Lammsattel
  138, 139
Lammfond s. 138, 139
Lammrücken
  Bayerischer 138, 139
Langustinen
  Geeiste Paprikasuppe
  mit 22, 23
Lasagne
  Lachs- 56, 57
  von Auberginen
  146, 147, 150, 151
Lauch
  s. Allgäuer Käs'suppen
  156, 157
  s. Gemüse zum Lamm-
  rücken 138, 139
  s. Gemüse zum Roastbeef
  116, 117
  s. Pochiertes Rinderfilet
  118, 119
  s. Überbackene Rösti
  170, 171
Lebkuchen
  Elisen- 234, 235
Lychees s. Muscheln in
  Currysoße 26, 27

M

Madeira s. Soße 96, 97
Madeirasoße
  s. Gefüllte Zucchiniblüten
  152, 153
Maisküchlein
  s. Glacierter Bein-
  schinken 96, 97
Marinade
  für Heringe 44, 45
  für Ochsenschwanz
  122, 123
  für Poularde 80, 81
  Kräuter- 118, 119
Marinierte Bohnen
  s. Gefüllter Schweinefuß
  102, 103
Mascarponesoße
  s. Halbgefrorenes von
  Kaffee 212, 213

Matjesheringe
  Selbstgemachte 44, 45
Matjessülze auf Kräuter-
  schaum 46, 47
Miesmuscheln 18, 19
  s. in Currysoße 26, 27
Möhren
  s. Frikassee vom Waller
  60, 61
  s. Gedämpftes Roastbeef
  116, 117
  s. Marinade für Ochsen-
  schwanz 122, 123
  s. Pochiertes Rinderfilet
  118, 119
Mohnkuchen
  Warmer 230, 231
Morcheln 144, 145
  s. Füllung für Poularde
  78, 79
Mürbeteig, pikant
  s. Käse-Spinat-Torte
  154, 155
  s. Zwiebelkuchen 174, 175
Mürbeteig, süß
  s. Quarkkuchen 232, 233
  s. Rhabarberkuchen
  228, 229
Muscheln
  Jakobs- 24, 25
  Mies- s. in Currysoße
  26, 27

N

Nudelteig
  s. Lachs-Lasagne 56, 57
  s. Ravioliteig 112, 113

O

Ochsenschwanz 110, 111
  Gefüllter 122, 123
Ofenkartoffeln
  Gefüllte 168, 169
Orangen
  filetieren 195
  Überbackene 194, 195
Orangensoße
  Ente mit 74, 75
  s. Pfannkuchen
  Johann Strauß 210, 211

P

Palatschinken
  Haselnuß- 206, 207
Paprikasuppe
  Geeiste 22, 23
Parmesankäse
  s. Steinpilzrisotto 92, 93
  s. Füllung für Ochsen-
  schwanz 122, 123
Petersilie
  s. Grüne Soße 114, 115
  Gebackene s. Bodensee-
  Eglifilet 62, 63
Petersiliensoße
  s. Kalbsbriesravioli
  112, 113
Petersilienwurzeln
  s. Gedämpftes Roastbeef
  116, 117
Pfannkuchen
  Johann Strauß
  200, 201, 210, 211
  Haselnuß-Palatschinken
  206, 207
Pfifferlinge
  s. Überbackene Rösti
  170, 171
Piccata vom Schweinefilet
  86, 87, 92, 93
Pilze
  Pfifferlinge
  s. Überbackene Rösti
  170, 171
  Steinpilze
  s. Gefüllter Ochsen-
  schwanz 122, 123
  s. Huhn in Rotwein 80, 81
  s. Kartoffelsuppe 166, 167
  s. Rebhuhnbrüstchen
  136, 137
  s. Steinpilzrisotto 92, 93
Plattfische
  Scholle 34, 35, 40, 41
  Steinbutt 32, 33, 38, 39
Pochierter Schellfisch
  42, 43
Pochiertes Rinderfilet
  118, 119
Poularde
  Gefüllte 78, 79
  s. Huhn in Rotwein 80, 81
Preiselbeeren
  s. Bratapfel 76, 77
Puffer
  Kartoffel- 172, 173
Putenbrustfilet im Kräutermantel 72, 73, 82, 83

Q

Quark
  Aprikosen-Joghurt-
  186, 187
Quarkknödel mit Aprikosen-
  kompott 204, 205
Quarkkuchen 232, 233

R

Ragout
  Holunder- 224, 225
  s. Frikassee vom Waller
  60, 61
  s. Muscheln in Currysoße
  26, 27
Ravioli
  Kalbsbries- 112, 113
Rebhuhnbrüstchen auf
  Steinpilzen 136, 137
Reis s. Steinpilzrisotto
  92, 93
Rhabarberkuchen 228, 229
Rindfleisch
  Ochsenschwanz 122, 123
  Rinderfilet 118, 119
  Roastbeef 116, 117
  Rumpsteak 120, 121
Risotto, Steinpilz-
  s. Piccata vom Schweine-
  filet 92, 93
Roastbeef
  Gedämpftes 116, 117
Rösti
  Überbackene 170, 171
Rosenkohl 162, 163
  s. Gemüse zum Lamm-
  rücken 138, 139
Rostbraten Strindberg
  108, 109, 120, 121
Rotbarbe mit Basilikum-
  dressing 36, 37
Rote Bete 160, 161
  s. Matjessülze 46, 47
Rotwein
  -birne 180, 181, 192, 193
  Huhn in 80, 81
  s. Ente mit Orangensoße
  74, 75
  s. Gefüllter Ochsen-
  schwanz 122, 123
  s. Hase auf königliche Art
  132, 133
Rum s. Halbgefrorenes von
  Kaffee 212, 213
Rumauflauf mit Rotwein-
  birne 192, 193
Rumsahne
  s. Apfeltarte 226, 227
  s. Gebackene Apfel-
  scheiben 208, 209

S

Sahne
  Arrak- s. Mohnkuchen 230, 231
  Rum- s. Apfeltarte 226, 227
  s. Gebackene Apfelscheiben 208, 209
Salat
  Spargel- 148, 149
Sauerampfersoße
  Jakobsmuscheln in 24, 25
Sauerkraut s. Szegediner Schweinegulasch 100, 101
Schafskäse
  s. Lasagne von Auberginen 150, 151
Schellfisch
  Pochierter 42, 43
Schinken, Bein- 96, 97
Schnecken
  Kartoffelpuffer mit 172, 173
Schokoladenblätter
  Gefüllte 214, 215
Scholle 34, 35
  filetieren 41
Schollenfilet
  Kieler 40, 41
Schwarze-Johannisbeer-Soße s. Charlotte von Williams Birnen 188, 189
Schweinefleisch
  Beinschinken 96, 97
  Jungschweinskarree 98, 99
  Schweinefilet 92, 93, 94, 95
  Schweineschulter 100, 101
Schweinefuß
  Gefüllter 102, 103
Schweinenetz
  s. Gefüllte Wachteln mit Grünkohl 134, 135
  s. Putenbrustfilet im Kräutermantel 82, 83
Schwetzinger Spargelsalat 148, 149
Selbstgemachte Matjesheringe 44, 45
Senfbutter
  s. Pochierter Schellfisch 42, 43
Soße
  Bier- 94, 95
  Curry- 26, 27
  Grüne 114, 115
  Haselnuß- 214, 215
  Johannisbeer- 188, 189
  Kräuter- 40, 41
  Kräuterschaum 46, 47
  Mascarpone- 212, 213
  Orangen- 74, 75, 210, 211
  Petersilien- 112, 113
  Sauerampfer- 24, 25
  Senfbutter 42, 43
  Williams-Birnen-Schaum 206, 207
  Zitronenbutter 58, 59
  Zitronen- 62, 63
Spargelsalat
  Schwetzinger 148, 149
Speck, Grüner
  s. Basilikumpaste 98, 99
  s. Hase auf königliche Art 132, 133
Spinat
  s. Füllung für Lachs-Lasagne 56, 57
  s. Putenbrustfilet im Kräutermantel 82, 83
Spinat-Torte
  Käse- 154, 155
Spitzkohl
  Jungschweinsrippe mit 98, 99
Steinbutt
  Gefüllter Altonaer 38, 39
Steinpilze
  s. Gefüllter Ochsenschwanz 122, 123
  s. Huhn in Rotwein 80, 81
  s. Kartoffelsuppe 166, 167
  s. Rebhuhnbrüstchen 136, 137
  s. Steinpilzrisotto 92, 93
Stollen, Dresdner 236, 237
Sülze
  Aal- 64, 65
  Matjes- 46, 47
Suppe
  Allgäuer Käs'- 156, 157
  Buttermilch-Kaltschale 184, 185
  Geeiste Paprika- 22, 23
  Helgoländer Hummereintopf 20, 21
  Kartoffel- 166, 167
  Szegediner Schweinegulasch 100, 101

T

Tarte, Apfel- 226, 227
Tomaten
  s. Füllung für Lachs-Lasagne 56, 57
  s. Gefüllter Ochsenschwanz 122, 123
  s. Huhn in Rotwein 80, 81
  s. Lasagne von Auberginen 150, 151
  s. Paprikasuppe 22, 23
Torte
  Käse-Spinat- 154, 155
Traubenkernöl
  s. Spargelsalat 148, 149
Trüffel, schwarze
  s. Gefüllte Ofenkartoffeln 168, 169
  s. Gefüllte Zucchiniblüten 152, 153
Trüffel, weiße
  s. Ein Tip von Bocuse 167

U

Überbackene
  Orangen 194, 195
  Rösti 170, 171

V

Vorspeisen
— Aalsülze mit Kichererbsen 64, 65
— Allgäuer Käs'suppen 156, 157
— Buttermilch-Kaltschale 184, 185
— Frikassee vom Waller 60, 61
— Geeiste Paprikasuppe mit Langustinen 22, 23
— Gefüllte Ofenkartoffeln 168, 169
— Gefüllte Zucchiniblüten 152, 153
— Helgoländer Hummereintopf 20, 21
— Jakobsmuscheln in Sauerampfersoße 24, 25
— Käse-Spinat-Torte 154, 155
— Kalbsbriesravioli 112, 113
— Kalbskopf und Züngerl 114, 115
— Kartoffelpuffer mit Schnecken 172, 173
— Kartoffelsuppe mit Steinpilzen 166, 167
— Lasagne von Auberginen 150, 151
— Matjessülze auf Kräuterschaum 46, 47
— Muscheln in Currysoße 26, 27
— Putenbrustfilet im Kräutermantel 82, 83
— Schwetzinger Spargelsalat 148, 149
— Selbstgemachte Matjesheringe 44, 45
— Überbackene Rösti 170, 171
— Zwiebelkuchen 174, 175

W

Wachteln
  Gefüllte 134, 135
Waller
  Frikassee vom 60, 61
Warmer Mohnkuchen mit Zwetschgeneis 222, 223, 230, 231
Wild/Wildgeflügel 132-137
  Hase 132, 133
  Rebhuhn 136, 137
  Wachteln 134, 135
Williams Birnen
  Charlotte von 188, 189
  -Schaum s. Haselnuß-Palatschinken 206, 207

Z

Zampone
  s. Gefüllter Schweinefuß 102, 103
Zitrone abreiben 205
Zitronenbutter
  s. Karpfen, im Ofen geschmort 58, 59
Zitronensoße
  s. Bodensee-Eglifilet 62, 63
Züngerl
  Kalbskopf und 114, 115
Zunge abziehen 115
Zucchini s. Pochiertes Rinderfilet 118, 119
Zucchiniblüten
  Gefüllte 152, 153
Zucker
  Läuter- s. Charlotte von Williams Birnen 188, 189
Zwetschgeneis
  s. Mohnkuchen 230, 231
Zwiebelkuchen 174, 175

"SEHEN SIE SICH DIE BÜCHER VO[N]
DAS IST SICHERLIC[H]
WAS IN DEN LETZTEN JAHRE[N]

Als "das Buch mit dem Löffel" hat dieser Küchen-Bestseller weltweit einen geradezu legendären Ruf erlangt. Übersetzt in acht Sprachen, begeistert "KOCHEN – Die neue große Schule" inzwischen Genießer in 15 Ländern: Anfänger wie Fortgeschrittene, Hausfrauen wie Hobbyköche, Gourmets und Gastrokritiker. KOCHEN ist ein märchenhaft schönes Bilderbuch, das die kreative Lust am Kochen weckt, zugleich aber jeden Handgriff präzis beschreibt.
KOCHEN – Die neue große Schule
16 Kapitel, 296 Seiten, 1000 farbige Fotos
2000 Rezeptideen
Großformat 23 x 31 cm

"BACKEN – Die neue große Schule" ist das Gelbe vom Ei für all jene, die gern selbst backen würden, wenn sie nur wüßten wie. Aber es ist auch ein Sahnestück für all die anderen, die schon backen können, denen aber ein paar originelle neue Backideen fehlen. BACKEN ist Lehr- und Luxusbuch zugleich. Es beschreibt das Schwierige auf ebenso einfache wie zuverlässige Weise. Und es zeigt die ganze Welt des Backens auf eine so unwiderstehliche Art, das jeder der süßen Verführung erliegt.
BACKEN – Die neue große Schule
16 Kapitel, 292 Seiten, 1000 farbige Fotos
2000 Backideen
Großformat 23 x 31 cm

ERLAG ZABERT SANDMANN AN: AS BESTE, ERAUSGEGEBEN WURDE."

(Paul Bocuse)

Aus den Bestseller-Listen des Buchhandels: die beiden Rezept-Sammlungen zur ZDF-Kochserie "Essen wie Gott in Deutschland". Ausführlicher als auf dem Bildschirm zeigen über drei Dutzend deutsche Meisterköche in einer für Laien verständlichen Form, worauf offenbar viele Leser gewartet haben: Regional-Küche auf zeitgemäße Art. Jeweils mit einem Drei-Gang-Menü sowie über 60 zusätzlichen ganz neuen Rezepten. Kulinarischer und leichter als je zuvor. Band 1 enthält darüber hinaus ein großes Küchen-Lexikon, in dem alle Fachausdrücke ausführlich erklärt werden. Band 2 bringt zusätzlich einen 116 Seiten großen Ratgeberteil, mit einem großen Wein-Brevier.
ESSEN WIE GOTT IN DEUTSCHLAND
Je 240 Seiten. Mit vielen neuen Farbfotos
Format 21 x 29 cm

CMA-GÜTEZEICHEN

Sicherlich haben Sie beim Einkauf schon das CMA-Gütezeichen "Markenqualität aus deutschen Landen" bemerkt.
Dieses bundesweite Gütezeichen wird nur für hochwertige deutsche Qualitätserzeugnisse vergeben. Es ist das einzige vom RAL – dem Ausschuß für Lieferbedingungen und Gütesicherung – für eine breite Palette von Nahrungsmitteln anerkannte Gütezeichen. Erzeugnisse, die dieses Gütezeichen tragen, werden ständig neutral kontrolliert. Dabei richten sich die Prüfungen nach strengen Qualitätsrichtlinien, denen alle einschlägigen Wirtschaftsverbände, aber auch die Verbraucherverbände, die im RAL vertreten sind, zugestimmt haben.
Geprüft werden Geschmack, Geruch, Zusammensetzung und Frische, außerdem Inhaltsstoffe und viele sonstige analytisch zu ermittelnde Bestandteile.
Das CMA-Gütezeichen ist daher eine gute Hilfe beim qualitätsorientierten Einkauf.